子どもは描きながら世界をつくる

エピソードで読む描画のはじまり

片岡杏子
［著］

ミネルヴァ書房

座ったまま両手にクレヨンを持って線を描く。手の届きやすいところに繰り返し描いて、塊になった線を見つめる。それから、クレヨンを持ったまま、お母さんのいる斜め前方へ向かっていった。(ハナちゃん・1歳4ヶ月)

お母さんが描いた円に向かって手を伸ばして描く。はじめは左手で描画用の木炭を使って線を描いていたが、お母さんが紙の上端に青いクレヨンで円を描くところを見てそのクレヨンをもらい、円に向かって上から下に線を引いた。（ミヅキちゃん・1歳3ヶ月）

描かれた線を見て交流する二人。指さしながら互いに声を発し合う様子が、あたかも会話をしているよう。（ミヅキちゃん・1歳3ヶ月，ハル君・1歳5ヶ月）

紙に向かってかがみ込み,片手で体を支えながら描く。(ユウカちゃん・1歳5ヶ月)

立ち姿勢で,手先に力をこめて描く。(ヒロト君・1歳5ヶ月)

先に描かれた図の上に線を重ねて描く。お母さんとお父さんが描いた円や四角の上に手を伸ばし，その手を横に振って往復線を描いた。(アカリちゃん・1歳7ヶ月)

しゃがんだ姿勢で描く。描きながら，近くにいる人の声や動きを感じ取って顔を上げる。(ユウタ君・1歳8ヶ月)

四つ這いで描く。力強く,描画用の木炭を砕きながら手を動かしている。(ハル君・1歳8ヶ月)

四つ這いで移動しながら描く。先に描かれている図を目指して進み,その上に線を描いていく。(ミヅキちゃん・1歳8ヶ月)

紙を大きく使って描く。紙の端と四隅をわかっていて，その枠の中いっぱいに伸び上がったりしゃがんだりしながら線を描く。(ヒロト君・1歳8ヶ月)

お母さんが描く円状の線（右側）を木炭でなぞった後，体を横にずらして一人で描こうとしたができなかった。しかし再び挑戦して，同様の円錯線（左側）を描くことに成功し，お母さんに向かって大喜びしている。（アカリちゃん・1歳8ヶ月）

黒い紙に明るい色のクレヨンを使って描く。寝そべって，周囲の人と一緒にぐるぐる手を回してたくさんの円錯線を描いた。（ハナちゃん・1歳9ヶ月）

お母さんが描く手元を見つめる。黒い紙に茶色のクレヨンで描いており，色が目立たないからか不思議そうな表情。（ハル君・1歳9ヶ月）

あえて紙ではない場所を見つけて色を塗る。(ハナちゃん・1歳9ヶ月)

アンケートボードにぐるぐると円錯画を描き，得意げに指さしてみせる。大人たちがアンケートを描く時間になると，きまって子どもたちも同じ道具を使って描きたがり，よくボールペンを使った。(ヒロト君・1歳9ヶ月)

広い範囲に小刻みに線を描く。描画用木炭で紙のあちこちにいくつもチョロチョロと線を描いた後，お母さんの膝に座って紙を指さし，「チョウチョ」と言った。(アカリちゃん・1歳10ヶ月)

お母さんの描いた絵を見て反応する。「カバ」とリクエストして応じてもらい，喜んでいる。(ユウカちゃん・1歳10ヶ月)

手先を見つめながら描く。木炭が紙にあたり、痕を残していくところを目で追う。(ユウセイ君・1歳11ヶ月)

紙以外の物に色を塗る。発泡スチロールの梱包材を気に入って繰り返し色を塗り、これをカメに見立てて遊ぶこともあった。(ハナちゃん・2歳0ヶ月)

手をコンパスのように回してきれいな円状の線を描いた後,さらに上へ伸び上がって描こうとする。(ハナちゃん・2歳0ヶ月)

絵の具を使って色塗りをして遊ぶ。はじめはとても怖がっていたが,周囲の人々が絵の具に触れる姿を見て抵抗が薄れたのか,筆を渡されると,サッと手に取って遊びはじめた。(ユウカちゃん・2歳0ヶ月)

おしゃべりしながら描く。木炭で円錯線や波打つ線を描きながら,「へび,へび」「もくもく」「にょろにょろ」と思いついたことばを言う。自分で口にしたイメージが面白いのか,笑いながら描き進めていった。(ユウセイ君・2歳2ヶ月)

絵の具が流れ落ちる様子を見る。何度も筆に絵の具をつけて紙にあて,絵の具が下に落ちていくところを繰り返し眺めていた。(ハナちゃん・2歳3ヶ月)

本書を読んで
――推薦のことば――

京都大学名誉教授　鯨岡　峻

　一読後，これは凄い本になると思いました。これまでの幼児の描画に関する言説を大きく塗り替えるだけのインパクトがあるとお世辞抜きにいえます。
　本書のかけがえのない価値は，子どもの表現（ないし表出）を紙とクレヨンと子どもの関係の中で読み解くのではなく，子どもの傍らにいてその描画活動に関心を寄せる大人との関係の中で読み解こうとするところにあります。つまり，表現する子どもとその表現を味わう大人という対人関係の中で，「いま，ここ」での子どもの気持ちの動きが一つの表現になるところを大人の側が感じ，味わい，理解するという本書の基本的な構図が，それまでの所産（結果）としての描画の発達という捉え方と明確に一線を画すものだということではないでしょうか。
　保育との関連でいえば，従来の5領域の「表現」に位置づけられるものというより，むしろ5領域でいえば「人間関係」に位置づけられてもよいような，領域「表現」と領域「人間関係」が交叉するところに本書が位置するとでもいえばよいでしょうか。
　保護者は所産（結果）としての「絵」，つまり明確な意味が備わった絵を求める傾向があります。その意味のわかる絵が発達した絵だという理解です。それを打ち破って，お母さん，あるいはお父さんとのコミュニケーション（あるいは関係性）の中で生まれる表現としての「え」，そこに目を向けて，その価値を掘り起こしたところに本書の最大の意義があると私は思

っています。

　つまり本書は，多くのエピソードを通じて，これまで単なる「なぐり描き」と思われていたものの中に，実は豊かな意味が隠されていること，本書に示された子どもの「表現」の原初のかたちは，「いま，ここ」の親子のコミュニケーションと切り離せないこと，またその場に居合わせた著者が，その意味をエピソードに綴ることと切り離せないことを改めて教えてくれます。それが類書にはない本書のかけがえのない価値です。

　それにしても，静止画に捉えられた子どもの「表現」は，著者のエピソードを読むとまるで動画のように思われてくるのが不思議です。逆にエピソードを読んでから静止画を見ると，そのエピソードに描かれていることが「なるほど」と思われてきます。そしてそのエピソードと静止画からは，一人の名前をもった子どもが「いま，ここ」を一人の主体としてしっかり生きていることが実感されます。

　そのような本書からは，保護者には子育てのヒントが，保育者には保育のヒントが，また研究者には新しい研究の視点と研究方法のヒントが得られるに違いありません。

はじめに

　これは，1歳から2歳を超えるまでの子どもたちが描画をしながら遊ぶ場面とその周辺の出来事を取り上げ，そこで生まれる自然な行動やコミュニケーション，感情表現などの意味について書いた本です。
　一般に，描画というと「絵」のことであり，「絵」といえば，誰かが見たり聞いたり感じたりしたことを図として表したり，何かしらの意図をもって描いたもののことを指します。しかし，1歳の子どもたちが最初に描く描画はそれとは異なり，手と体を動かしたり材料で遊んだりしているうちに，結果として目の前に残されていく線や色の塊などの痕跡のことです。
　1歳の子どもたちが描く過程においては，その時その場で感じられた様々なことが，自然と子どもたちの表情や声や身振りとして現れます。それは，子どもたちが生身の体で「いま，ここ」を生きている証であると同時に，周囲の人々に対して自分の思いを伝えながら主体性を押し出していくプロセスでもあります。
　そのプロセスで，周囲の人々が自分に向けて伝え返してくるものを通じて，子どもたちは「ありのままを表現する自分自身の価値」を感じ取ります。それは「ありのままの自分」を自分で認めていくみちすじが，子どもたちの内面につくられていく過程でもあるでしょう。
　小さな手で描かれる「痕跡の描画」は，子どもたちの体が育ち，主体性がより強く押し出されていく中で，だんだん「絵」に近づいていきます。色や形を操作しながら，子どもたちがその場で思いめぐらしたことをことばで語り出すのです。これがいわゆる「物語の絵」のはじまりで，そこでもまた子どもたちは自分が感じているものを周囲の人々に向けて表明し，「自分の中に生まれたイメージ」を身振りやことばで示しながら，いろい

ろな思いを抱く一人の主体として、その場を生きようとします。

そのような観点で子どもの描画を捉えていくと、私たちには、子どもたちが描いた結果としての線や図についてあれこれと論ずる以前に、子どもたちがスクリブル（scribble）——言語的な意味のない「なぐり描き」——を描いているその場面で、たとえば道具をいじったり運び歩いたり、周囲をキョロキョロ見回したりするなど、描画とは一見関係のないふるまいや、笑ったり怒ったりする感情の揺れの中で生まれるささやかな表現に目を凝らしていくことが必要になります。

現代日本の社会において、子どもの描画活動は、まず保育所保育指針で「保育内容」の「表現」という領域に位置づけられており[1]、「素材に触れて楽しむ活動」などとともに推奨される取り組みの一つとされています。そして近年では、美術館や地域のアートイベントなどで子ども向けのワークショップがよく行われ、子どもたちが描いたり描画素材に触れて遊ぶ機会は、かつてよりも格段に増えている状況にあります。この社会的背景を見ると、子どもたちの描画を取り巻く環境はそれなりに豊かであるといえそうですが、しかしそのうえで私たち大人が心に留めておかねばならないのは、「描画という形式」が子どもたちそれぞれの生きた表現を保証するわけではない、ということです。

子どもたちの内面を育む生きた表現は、様々な子どもと大人とが流動的に関わり合う「生きた場」において生まれます。私たち大人は、そこで子どもたちが生み出す表現の具体的なかたちをあらかじめ予測することはできません。だからその場面において、私たちはあらかじめ考えたシナリオどおりの関わり方をするのではなく、その場その場の偶発的な展開を見守りながら、不意に生み出された表現をそのまま受け止め、自分もまた一人の人間として感じたものを伝え返しながら関わっていくことになります。

---

[1] 厚生労働省（編）『保育所保育指針解説書』（フレーベル館、2008年）を参照。

はじめに

　そのように子どもたちとやりとりをしながら進んでいく道は，たとえて言うなら，きれいに舗装された路面をまっすぐ進んでいくような道ではなく，子どもたちと一緒に草っ原をかきわけながら歩いていって，ふと振り返ったら後ろにできていたというような「なりゆきの道」です。そこには必ず，子どもにとっても子どもに関わる私たち大人にとっても新鮮に感じられる手応えと，未知のものに向けて拓かれた新しい世界との出会いがあります。

　本書はこのことを実感を込めて示すために，子どもたちがお母さんやお父さん，さらに同年齢の子どもたちとやりとりする場面をエピソードで記述し，その記述を手がかりとして解説することを試みました。

　すでにある知識や理論に従って子どもの姿を捉えていくのではなく，その「あるべき姿」から少し離れて，ゆるく新しい価値に向けて開かれながら「子どもが描く」という現象に出会っていく。それは，子どもたちのみならず，私たち大人にとっても「世界をつくる」過程となります。それをお伝えする試みとして記した本書が，様々な立場で子どもに関わる方たちにとって，新しい世界を拓くきっかけになれば幸いです。

2015年10月

片岡杏子

本書のエピソードについて

遊び場面の基本設定

　これから本書で記していくエピソードはすべて、かつて東京学芸大学のキャンパスで私自身が行った実践研究の活動場面です。実践研究は、私が東京学芸大学大学院連合博士課程に在籍中、学内公募で採択された「院生連携研究プロジェクト」の一環として行ったものでした[(1)]。

　参加者は、2008年の春の時点で1歳から1歳6ヶ月だった子どもたちとそのご両親8組で、いずれも、大学近くの子ども家庭支援センターでチラシをご覧になって応募してくださった一般の方々です[(2)]。

　実践研究は2年かけて行ったのですが、そのうち本書では、2008年の5月から2009年の5月までの間に行った計16回の活動を対象とし、子どもたちが1歳初めの段階から、2歳を少し超える頃までの記録を扱っています。

　さらにそのうち2008年度中に行った15回の活動は、大学キャンパス内に設置されていたプレハブ施設を借りて行いました。68㎡ほどの室内にブルーシートを敷いて大判紙を10枚貼り、およそ図0-1のようなレイアウトで環境を設定しました。この設定は、室内に2台固定したビデオカメラに10枚の大判紙を収めながら、その中でできるだけ参加者が自然に活動しやすいよう、最初の数回の活動で調整しながら決めたものです。

　活動の日程は、月曜日の午前中に設定しました。平日のため、その頃家

---

(1) プロジェクトは「公共的場面における子どもの芸術教育の方法を検討する実践的研究」と題して2008～2009年度に実施しました。
(2) 参加者のみなさんには、活動に参加していただくにあたり、写真やビデオ、アンケートなどの研究目的の記録を取ることについてご了承いただきました。

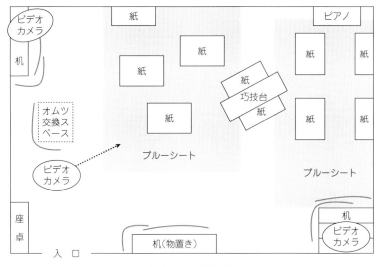

図 0-1　環境構成

庭で育児業に専念しておられたお母さんがお一人でお子さんを連れて参加する場合がほとんどでしたが，祝日にあたる日やお仕事のお休みなどにあたる日などはお父さんが一緒に来てくださることもありました。

　また，本書で扱う記録のうち，2009年度の春に実施した1回の活動のみ設定が異なり，その1回は日曜日に実施したほか，プレハブ施設ではなく大学の研究棟内にある造形室を使用しました。室内の構造とレイアウトは異なりますが，ブルーシート，10枚の大判紙，間仕切りの設置など，環境構成要素は先の図0-1とほぼ同様です。

遊び方について

　活動は午前10時半から12時の時間帯に行い，一斉に行うプログラムは用意せず，参加した親子それぞれのペースで遊んだり休んだりしながら過ごしていただきました。

本書のエピソードについて

　遊び方も参加者の方たちそれぞれにお任せし，置いてある描画材料と遊び道具から好きなものを選んで各自の好きな場所で遊んでもらい，私のほうからは毎回，「描画遊びのヒント」を記したメモをみなさんにお渡ししました。メモは，描画をしながら親御さんと子どもたちとのやりとりが生まれることをねらったもので，たとえば次のような内容でした。

お子さんと一緒に線を描くとき，その動作に合わせて「トン」とか「シュッ」とか，効果音をつけてみてください。	使うクレヨンや紙を決めるとき，「どっちの色にする？」「どっちの紙で描く？」など，お子さんに尋ねてみてください。

　このメモは毎回内容を変えてお渡しし，それが遊びの手がかりになったり自然と繰り返されたり次の遊びに発展していったこともあればそうでなかったこともあり，活動への影響の仕方はその日の状況によって様々でした。その中で，特定のメモが本書のエピソード場面に直接的に関連したと思われる場合には，文中でその内容を説明してあります。

描画材料と遊び道具について

　本書の実践研究で使用した描画材料は，まずクレヨンです(写真0-1)。[3]それから，デッサン用の木炭を使用しました(写真0-2)。木炭は脆くて折れやすいうえに手が真っ黒に汚れるため，一般的な子ども用の描画材料ではないのですが，紙にあてたときの感触が柔らかく，手指の力が弱い1歳の子どもでも容易に線を描けるという利点があるので，試みに材料の選

---

[3] 実際に使用したのは子ども用のクレヨンと類似のオイルパステルですが，一般的な呼び方に従って「クレヨン」と明記しています。

写真0-1　色味の系統別に分けて置いたクレヨンと持ち運び用のカップ　　写真0-2　描画用木炭

択肢として加えていました。そして，しばらく子どもたちの反応をうかがったところ，最初は手が汚れることに嫌悪感を示す子がいたものの参加を重ねるうちに慣れていったので，そのまま使い続けることになりました。

　紙は，一般に「模造紙」と呼ばれる788×1091mmの薄手の白い大判紙を使用しました。そして，白い紙の上では見えづらい明るい色のクレヨンの線を目立たせるために，10〜15回目の活動で，大判紙10枚のうち2枚を黒の大判紙に変えました。

　それから，描画材料とは別に，遊び道具として生活廃材で作った玩具（あるいは廃材そのもの）を用意しました。遊び方が決められた既成の玩具による遊びではなく，描く活動の延長として自然に生まれる遊びを見たかったからです。玩具は，たとえばトイレットペーパーの芯をつなげたもの（写真0-3），無色透明のペットボトル（写真0-4），発泡スチロールの梱包材（写真0-5）などでした。これらの名のない遊び道具が，本書のエピソードの随所に登場します。

　また，2009年度に行った16回目の活動のみ，水彩絵の具と筆を使いました。液状の絵の具は，クレヨンや木炭などの固形素材とはかなり性質が異なるため，子どもたちがそれまでとは異なる独特の反応をしました。その

本書のエピソードについて

写真0-3 トイレットペーパーの芯を組み合わせて作った玩具にクレヨンを落としているところ（ハル君・1歳5ヶ月）

写真0-4 ペットボトルにクレヨンを入れてから取り出しているところ（アカリちゃん・1歳6ヶ月）

写真0-5 発泡スチロールの梱包材を手に取ってクレヨンで色を塗っているところ（ハナちゃん・1歳10ヶ月）

様子は，第6章「感じる主体として描くということ」の最後のエピソードに記してあります。

エピソードの記述と写真について

　本書のエピソードはすべて，実践研究を行った私自身の視点から描かれています。私は子どもたちが遊んでいるあいだ，活動の環境を整えつつ，カメラで写真と映像を撮影しながらその場にいました。そして子どもたちに働きかけたり，時々親御さんに話しかけたりしながら，しかし特定の遊びには誘導せず，できるだけ親子同士で関わり合ってもらえるよう，ゆるやかな関与に努めました。

　エピソードには，私が関与観察をしていたその場面で，一人の主体として（あるいは生身の人間として）感じ取ったことが多分に反映されています。(4)そしてそのうえで，それぞれの場面を詳しく記述するにあたり，映像を最

大限に活用する方法をとりました。

　映像は，部屋の隅に設置したビデオカメラで活動中の様子をいわゆる「撮りっ放し」で撮影したものと，ビデオカメラを持って移動しながら撮影したもの（撮影者は著者か運営補助者）とを合わせて，一回の活動につき1時間半の記録がカメラ3台分ありました。これらの映像の中から書き留めたメモを手がかりにしてエピソード場面の映像を特定し，繰り返し視聴しながら，できるだけ事実の誤認がないよう注意を払いながら記述しました。

　各章のエピソードの文中に配置してある写真は，そのビデオ映像を切り取った静止画と，私が一眼レフカメラで撮影したものです。前者は場面の切り取り方を工夫し，後者は子どもの自然な表情や動きが伝わりやすいものをピックアップして，子どもたちがその時その場で身にまとっていた「生き生きとした感じ」が紙面で伝わりやすいように配慮しました。この映像を用いた記録の考え方については，最後の「記録」のところで改めて述べることにします。

---

(4)　本書のエピソードの記述は，鯨岡峻のエピソード記述を参考にしました。『エピソード記述入門——実践と質的研究のために』（東京大学出版，2005年），『ひとがひとをわかるということ——間主観性と相互主体性』（ミネルヴァ書房，2006年）ほかを参照。

子どもは描きながら世界をつくる
――エピソードで読む描画のはじまり――

目　次

本書を読んで——推薦のことば

はじめに

本書のエピソードについて

第1章　描画のはじまり……………………………………………… 1

    1　初めて描く——手を動かした痕を見つける　3

    2　目の前の景色を変える——自分の意思で描く　5

    3　見ていてほしい——描きながら振り向く　8

    4　わたしはここにいます——存在を主張する　12

    5　にじみ出る個性——「描く」に向かって力を発揮する　14

    6　「描く」とその周辺の表現から　17

第2章　「あなた」とのあいだに生まれる「え」………………… 21

    1　「わたし」と「あなた」をつなぐ「もの」　23
       ——三項関係の中で承認を求める

    2　あいだにあるもの——お互いの思いを感じる　25

    3　わくわくする——楽しい気分が作用し合う　30

    4　いっしょに描いて——一緒に遊ぶ場面をつくる　33

    5　きれいだね——「え」の価値を知る　35

    6　「あなた」とのやりとりから　39

第3章　主張する「え」……………………………………………… 41

    1　どうしてもほしい——自分の意思を押し通す　43

    2　泣いて「わたし」になる——自分の気持ちを表明する　45

    3　わたしだって描く——線を重ねる　50

    4　「わたしが」してあげる——描き方，遊び方を先導する　53

    5　「わたしが」描きたい——描く主体が「あなた」と分かれる　56

    6　主張する姿から　61

目　次

第4章　ぐるぐる線から構成へ……………………………65
　1　まわせ，まわせ——活動力を発揮する　67
　2　回転させたい——気持ちに従って体を動かす　70
　3　形の発見——形を描いて主張する　74
　4　ぐるぐるを並べたい——円錯画を構成する　77
　5　円錯画を描く姿から　80

第5章　「わたしたち」から物語をはじめる……………………83
　1　「わたし」の思い——気持ちがことばになる　85
　2　「わたしたち」をつなぐことば——ことばでつながる　88
　3　「わたしも」話せる——ことばを交わす　91
　4　物語のはじまり——イメージを語る　94
　5　「わたしたち」の絵——イメージをともにして遊ぶ　97
　6　ことばを発し，イメージを語る姿から　100

第6章　感じる主体として描くということ……………………103
　1　体と心で感じ取る——両手を使って描く　105
　2　「いま，この場」の喜び——体の「感じ」を求める　109
　3　力をこめる——だんだん主体を立ち上げる　113
　4　こわいけどやる——感じ方が転換する　117
　5　「感じる」から価値の体験へ　121

記録——子どもの体験を見つめる大人のプロセス　123
文献一覧　135
おわりに　141

第1章

描画のはじまり

紙を持ち上げて描く（ハナちゃん・1歳4ヶ月）

初めて描画をする子どもたちは，手で描くことだけに集中するわけではなく，周りの環境を眺めたり，その場に置かれている材料をいじって遊んだりします。そして描こうという意思がはっきりと立ち上がりはじめると，自分なりの体の動かし方で少しずつ線を描きながら，一緒にいる親御さんの顔を振り返って見たり，持っている物を交換したりしてやりとりすることを求めます。
　初めての描画を体験する子どもたちは，「描く」という行為とその周辺で，何を思い，感じ，表現しようとするのでしょうか。第1章ではこのことを考えながら，1歳初めから1歳半ばの描画場面を見ていきましょう。

第 1 章　描画のはじまり

1　初めて描く──手を動かした痕を見つける

　最初に，ハナちゃんという女の子が初めて活動の場にやって来たときのエピソードを取り上げます。ハナちゃんは当時1歳3ヶ月。体がすっぽりおさまるスモックを着て，口をへの字に結んだ表情が印象的なお子さんでした。次のエピソードは，そのハナちゃんがお母さんと一緒に初めて描画をはじめた場面です。

〈ハナちゃん・1歳3ヶ月〉
　その日，ハナちゃんは紙の上に腰を下ろしたまま，じっと周りを見つめて動きませんでした。室内にはブルーシートを貼った床や壁に，薄手の大判紙が貼られており，いろいろな色のクレヨンを自由に使えるようになっていましたが，同時に，その日出会ったばかりのほかの子どもたちやお母さんたちがいてざわざわしていたので，ハナちゃんは少し緊張しているようでした。
　ハナちゃんのお母さんは明るい笑顔でハキハキと話す方で，ハナちゃんが一人目のお子さんであること，まだお絵描きをしたことがなくて楽しみにやって来たことなどを気さくに話してくださいました。しかしその傍らでハナちゃんは，やはり大勢の人たちに圧倒されているのか，表情がかたく，クレヨンを持った手をなかなか動かそうとしません。
　お母さんはそのハナちゃんの様子をすぐ近くで見守っていましたが，しばらくしてからある行動に出ました。模造紙の上に座っているハナちゃんの体に両手をあてて，水平にくるりと180度回転させたのです。どうやら人の少ないほうへハナちゃんの視線を向けて，緊張を解かせたかったようでした。
　そのお母さんの作戦が功を奏してか，ハナちゃんは足を前に投げ出

して座った姿勢のまま，クレヨンを持った手を前後に動かしはじめました。すると，その手の動きに伴って床に敷かれた紙に線が引かれたので，お母さんはハナちゃんの体の横を指さして，線が描けたことを教えてあげました。

　ハナちゃんは，先ほど自分が描いた線に気づいたようでした。そして，描きながら自分の手の先の辺りを見ようとするのですが，まだお尻を床につけたまま体を横にひねって下を向く姿勢がとれません。そこでお母さんは，今度はハナちゃんをひょいと抱き上げて，ハナちゃんが足の裏を床について前かがみになれるように姿勢を変えてあげました。すると，それまで紙の上にデンと腰を下ろして身動きがとれなかったハナちゃんが，しゃがみながら下を向く格好になり，紙に残った線を見ながら手を動かせるようになりました（写真1-1）。

　ハナちゃんはクレヨンを持った両手を前後に振り，行進するような身振りで線を描き続けました。描いた線が少しずつ紙の上で連なっていくのですが，しかししばらくするとハナちゃんは顔を上げて手元から目を離し，どこを見るともなく周囲の風景に視線を向けました。そ

写真1-1　しゃがんだ姿勢で線を描く
（ハナちゃん・1歳3ヶ月）

こでお母さんが「ほらほら」と言ってハナちゃんが線を描いた辺りを再び指さして教えてあげると，ハナちゃんはお母さんの手の先へ顔を向け，自分が描いた線を見て，また描き出すのでした．

　これは，ハナちゃんが初めての活動の場で緊張しつつも，お母さんと一緒に少しずつ描画作業を展開させていった一連の様子を書いたエピソードです．
　この当時，ハナちゃんの反応は全般的におっとりしていて，表情の変化もさほど多くはなかったので，自分の描いた線を見てどう感じていたのか，傍目にはハッキリとわかりませんでした．けれど，おそらくハナちゃんとずっと一緒にいるお母さんには，ハナちゃんが緊張していること，一つひとつの反応は静かながらもハナちゃんなりに手応えを感じて描いていることがよくわかったのでしょう．描きやすい姿勢に変えてあげたり視線を誘導したりと，一つずつハナちゃんに具体的な働きかけをして，それがその場のハナちゃんの動きとぴったり嚙み合っていたようでした．

2　目の前の景色を変える——自分の意思で描く

　この後のハナちゃんの成長の過程を視野に入れて先のエピソードを振り返ると，初めてクレヨンで線を描いたハナちゃんにとって，それは「目の前に現われるいろいろな色の線が，今まさに描いている自分自身の体の感覚とつながってそこにある」という原初的な体験であったと同時に，後々まで続く描画の「大切なはじまりの一歩」であったように思います．
　描画の出発点は，手を動かし，その手の先に残された痕跡を自分の目で確認することにあります．しかし1歳児の視力は大人よりもずっと弱く，さらに1歳初めの段階ではまだ上体を柔軟にひねって自分の手元を見ることができないので，せっかく線を描いても気づかなかったり，気づいても

写真1-2　手の届く場所に描き続ける（ハナちゃん・1歳3ヶ月）

注意を持続できないということがよくあります。だから描いた線に注意が向くように少し助けてあげることが必要なのですが，そうすることによって子どもが自分の力で線を描けることに気づき出すと，やはり面白く感じるのでしょう。それまでの「試みに描く」とでもいうような描き方だった動作が，次第に「自分の意思で描く」という行動に変容していくのです。

また，歩行が安定する以前の子どもたちは，必然的に，その時座っている場所で目の前にある紙に向かって描き続けることが多くなります。先のエピソードの場面でも，ハナちゃんが座っていた場所には，ちょうどその小さな体を包み込むように，ハナちゃんが両手にクレヨンを握りしめて描いた線の群れが残っていました（写真1-2）。

こういうときに子どもが感じている「描く面白さ」とは，たとえばクレヨンを通じて紙面の抵抗を感じる手応えや，その手応えによって目の前の景色が変わっていくということの素朴な実感ではないでしょうか。だから，たとえ描いた線がまったく「絵」としての体裁を成していなくても，それはその子がその場所で何かを感じつつ手を動かしていたことの証であって，同時に，その子が感じているものを表す一つの表現のかたちなのです。そのような描画のことを，本書では「絵」の前の「え」と呼んでおきます。

第 1 章　描画のはじまり

写真1-3　姿勢を変えながら描く（ハナちゃん・1歳4ヶ月）

　やがて子どもたちの体の動きの柔軟さが高まり，自ら描きやすい姿勢を保てるようになると，「紙にねらいを定めて描く」という目的がより明確になって，その目的がさらなる体の動きを方向づけるようにもなります。当初はお母さんに姿勢を変えてもらっていたハナちゃんでしたが，次第に，前方に片手をついて体を支えるなど自分から姿勢を変えて描くようになりました（写真1-3）。写真を比較して見るとわかりやすいのですが，初めて描いた日に体の脇にまとまって見られた描線が，後に少し前方へ移動し，ハナちゃん自身に見えやすい位置に描かれるようになりました。

写真1-4　しゃがんで描く（ハナちゃん・1歳5ヶ月）

3　見ていてほしい──描きながら振り向く

　もう少しハナちゃんの成長の過程を手がかりにして、1歳初めから半ばにかかる時期の描画の特徴的な表現行動を拾い上げてみます。

　ハナちゃんは1歳5ヶ月になる頃には歩行も安定し、描画の仕方も、それまでの「手が届くところに描く」というやり方から、立っている姿勢から床に向かってしゃがみ込んで描いたり（写真1-4）、離れたところへわざわざ歩いて行って描いたりするようになりました。そして歩き回れるようになると同時に、ころりとした風貌が徐々にすらりとしてきて、私の目には、ハナちゃんがとても一人前になってきたように見えました。しかし、一人で歩き回れるようになったハナちゃんが、自由に動きながら描いて遊ぶにあたってもう一人で大丈夫かというと、決してそういうわけではありませんでした。ハナちゃんが1歳5ヶ月のときのエピソードを見てみましょう。

第 1 章　描画のはじまり

写真 1-5　伸び上がって円錐画を描く
（ハナちゃん・1 歳 5 ヶ月）

〈ハナちゃん・1 歳 5 ヶ月〉
　ハナちゃんはお母さんと一緒に床に貼られた紙の前にいました。床に向かってしゃがみ込む姿勢で線を描いており，お母さんが近くでその様子を見守っています。その二人の脇を，ほかの子どもとお母さんたちが通り抜けていきました。もう活動が終盤にさしかかっていたこともあり，ハナちゃんたちの周辺ではほかの子どもたちと親御さんが方々に歩いて行き交っていたのでした。
　その喧騒の中で，ハナちゃんのお母さんが，ほかの子どものお母さんと話しはじめました。大人たちのことばが，線を描いているハナちゃんの頭上を飛び交います。すると，そこで大人同士の会話が続くで

写真1-6　円錯描を描いてからお母さんを振り向く
（ハナちゃん・1歳5ヶ月）

　あろうことを察したのか，ハナちゃんはおもむろに立ち上がりました。それからお母さんの手を取って引っぱって，別の場所へ向かって歩き出しました。どうやら，お母さんがほかの人と話をするのを止めさせたいようでした。

　ハナちゃんのお母さんは，もう一人のお母さんに向かって話を続けながら，しかし体はハナちゃんに手を引かれるまま立ち上がり，そのままハナちゃんに付いていってあげました。そして壁に貼ってある紙の前に着くと，ハナちゃんが再び線を描きはじめたので，一歩後ろに下がり，その場で膝を抱えてしゃがみました。ハナちゃんが描く姿を眺めようという格好です。

　壁面の大きな紙に向かったハナちゃんは，手を顔よりも高く持ち上げて紙の上の方に向かうと，ゆっくりとぐるぐる手を回しながら円錯線を描きました（写真1-5）。それから，手を壁の前に残したまま，後ろにいるお母さんの方を振り向きました（写真1-6）。お母さんが，後ろでちゃんと自分のことを見てくれているかどうかを確認したようでした。そしてまた紙に向き直ると，再びぐるぐると線を描き，さらに立ち位置を少し横にずらして，そこにもぐるぐると線を描きました。

第 1 章　描画のはじまり

　この頃，私は活動の中で，子どもたちがそれぞれにお母さんの手を引いて移動する場面をよく見かけました。幾人かの子どもたちはとくに，自分のお母さんがほかの大人と何か話しはじめたとわかると，すかさず場所を変えようとしました。室内にはそれだけのスペースがありましたし，場所を変えて人の少ないところで紙に向かうと，なんとなく落ち着いて「お母さんと二人で遊ぶ」という格好になったので，きっと子どもたちはそれが嬉しかったのだと思います。このときのハナちゃんの心境も，おそらくそれと同様ではなかったでしょうか。

　そして，このエピソードで私がとくに興味深かったのは，自分から壁に向かって線を描きはじめたハナちゃんが，描きながら，後ろにいるお母さんのほうを振り向いたことでした。

　ハナちゃんのように，描いた後で親御さんのほうを振り向くというのもまた，この頃の子どもたちがよくやっていた仕草です。その姿は，冒険をするにあたって「これでいい？」と安全確認をしているようでもあり，「ねえ，ちゃんと見てる？」と親御さんに確かめているようでもありました。そしてどの子においても，振り向いて親御さんの顔を見るのは，「いつも自分に注意を向けていてほしい」というごく自然な意思表示であったようです。

　「紙に向かって線を描く」という作業は私たち大人からするとさほど冒険的なものではないのですが，子どもにとって，自分の体よりも大きな白い紙に一人で向かっていく作業は，それなりの勇気が必要なことなのでしょう。考えてみれば，描いているあいだは紙のみと相対しているわけですから，もしかするとしばし独りぼっちであるように感じて少し不安になるのかもしれません。実際，ハナちゃんは一人で自由に歩き回れるようになってからも，毎回さほど長い時間を空けずにお母さんのところへ戻っていきました。ハナちゃんの描く作業は，常に「お母さんがそこにいる」という安心を拠り所として展開されていたのだと思います。

4　わたしはここにいます──存在を主張する

　ハナちゃんの例一つを取ってみても，この時期の子どもたちの「え」をそれぞれの子どもの内面の育ちに照らして理解するためには，「描かれた結果としての線」だけではなく，「子どもが描く場面」全体を読み解いていく必要があることがわかるのではないでしょうか。描く場面の状況や雰囲気，一緒にいる人，使っている材料など，いろいろな要素との兼ね合いの中で「描く」というかたちの表現が生まれているからです。

　そのうえで，子どもたちが描画の場面で表現しているものをより深く捉えていくために，描画よりもむしろ描画の周辺の出来事に目を向けることが必要な場合もあります。

　それを確認するために，ここでもう一人，ミヅキちゃんという女の子のエピソードを取り上げておきます。ミヅキちゃんは参加した子どもたちの中でもっとも月齢が低く，このときはまだ1歳1ヶ月。おとなしい表情で静かな印象の女の子でした。当時は室内をハイハイで移動し，パーテーションの柱などにつかまって立ち上がろうとするものの両足で体を支えて立つことが難しく，また，クレヨンなどの描画材料を手に取って握るのですが，描くことには興味を示しませんでした。通常なら「まだ描画は難しいかな」と思われる段階です。しかしそれでも，ミヅキちゃんが描画活動の場にいることには，小さからぬ意味がありました。ミヅキちゃんの最初のエピソードを見てみましょう。

　　〈ミヅキちゃん・1歳1ヶ月〉
　　　最初の活動がはじまってしばらくした頃です。部屋の中に「カンカン」という金属の音が響きました。部屋の中央には描画用の木炭を入れた缶の箱が置いてあり，その缶の箱に何かが当たっているような音でした。見ると，ミヅキちゃんが木炭をつかんでは缶から出したり戻

したりしているのでした。

　ミヅキちゃんは木炭とその缶が気に入ったらしく，木炭をつかんで取り出しては，お父さんやお母さんに差し出していました。

　私はミヅキちゃんのほうへ近寄っていき，ミヅキちゃんとのやりとりを試みました。ミヅキちゃんに見えるように，紙に木炭で点を打ってみせたり，線をさらさらと描いてみせたりしたのです。しかしミヅキちゃんがそれには興味を示さなかったので，今度はクレヨンを入れていた小さな厚紙の箱をミヅキちゃんに見せて，その中に木炭を入れてもらったり，私のほうから木炭を渡したりしました。その間，ミヅキちゃんはさほど表情を変えずに私とのやりとりに応じており，一方の私は目の前のミヅキちゃんの姿を見ながら，「どうやら物を渡したり渡されたりするのは少し面白いようだ」とミヅキちゃんの関心を確かめていました。

　私は，ミヅキちゃんの周りに散らばっている木炭を拾って，それをミヅキちゃんが持っている缶の中に入れていきました。ミヅキちゃんは，私が「はい」とか「どうぞ」と言いながら缶の中にポイポイと木炭を入れていく様子を，また表情を変えずに見ていましたが，やがて自分も「アイ」と言って，私に向かって木炭を差し出すようになりました。気がつくと，繰り返し木炭を握っていたミヅキちゃんの手が真っ黒になっていました。

　この時の記録として，私は当初，「この日のミヅキちゃんは描いて遊ぶというよりも，置いていた素材で遊ぶほうに興味を示して遊んでいた」というメモを残していました。それは「描画に関わる事項」として書き留めたものでしたが，しかし自分で書きながら，描画行動を注視して記したそのメモにどうもスッキリしない何かを感じてもいました。その理由がわかったのは，この場面を撮影したビデオ映像を見たときです。

このエピソードの場面を撮影した映像は複数あるのですが，そのうちの一つは，きわめて近い距離で撮影されたものでした。なぜかというと，私が1台のビデオカメラを持って歩いていて，ミヅキちゃんとやりとりする際に，それを録画状態のままで床に置いたからです。そのためミヅキちゃんの顔が見切れた中途半端なアングルの撮影になったのですが，しかしその映像には，ミヅキちゃんが真っ黒な手で木炭を差し出す様子や，お尻を床につきあぐらをかくような姿勢で前のめりになって缶を叩く姿の一部がはっきりと映っていました。そこには思いがけない力強さと生々しさがあり，その映像を見てはからずも私が思い出したのは，その場面に「まだ描画ができない」わけではなく「今，これをやりたいからやっている」という意思を持ったミヅキちゃんがいて，さらに「わたしはちゃんとここにいます」とでも言いたげな，ミヅキちゃんの逞しい主張が現れていたことでした。それは，少し大げさに言うなら「存在の主張」とも呼ぶべき，実に力強い表現だったのです。

5　にじみ出る個性──「描く」に向かって力を発揮する

　さらに当時の私のメモには，ミヅキちゃんが，他の子が立って紙に向かう姿を見て同じようにクレヨンを持って立ち上がろうとしたり（写真1-7），誰かが描くところを見てその真似を試みた様子なども記されていました。「絵」の前の「え」のそのまた前の段階ではありながら，ミヅキちゃんは，周囲の様子をとてもよく見ていて，果敢に自分の力を押し広げようとしていたのです。
　そのミヅキちゃんも，活動を重ねるうちに，少しずつ「道具を持って描く」というひとまとまりの作業を体得して活動するようになっていきました。もう一つ，1ヶ月後のミヅキちゃんのエピソードを見てみましょう。

第1章　描画のはじまり

写真1-7　クレヨンを手に，つかまり立ちしようとする（ミヅキちゃん・1歳1ヶ月）

〈ミヅキちゃん・1歳2ヶ月〉

　その日，ミヅキちゃんは室内を歩いていました。まだ姿勢が不安定ですが，歩く方向をしっかりと見据えながら一歩ずつ前に進んでいます。そのミヅキちゃんの視線の先では，お母さんが壁に貼ってある紙の前に立ち，やって来るミヅキちゃんに何か描いて見せていました。

　ミヅキちゃんはお母さんのいる紙の前にたどり着くと，立ったまま線を描きはじめました。まだ安定した姿勢ではないのですが，しかしはっきりと「描く」という作業に向き合って行動していることがわかります。

　ミヅキちゃんが手を伸ばして上に伸び上がり，紙を叩くような動作で線を描くと，お母さんはそのミヅキちゃんの動きに合わせて「おー，すごいすごい」と言ってミヅキちゃんを励ましました。抑揚のついたお母さんの声は歌のようで，ミヅキちゃんが黙々と線を描くその場面

写真1-8　お母さんが描いた線（波上の濃い線）に向かって，伸び上がって線を描く（ミヅキちゃん・1歳2ヶ月）

に，明るい華やかさをもたらしていました。

　ミヅキちゃんは，その紙の前でおよそ10分ほど描くことを繰り返し，その間，一度ぺたりとお尻を床について座り込んだので，やはり立ち続けているのはまだ難しいのかしらと思いきや，しかし姿勢を変えて膝立ちになり，再び壁に向かうと伸び上がって線を描きました（写真1-8）。ここでもまたミヅキちゃんは思いがけず力強い態度で，線を描きながらほかの子どもたちが近くに来て何か描く様子をじっと見たり，ぐっと部屋の天井を見上げたりした後，手を壁について自分の体を支えながら立ち上がり，さらに上へ上へと向かって線を描き続けま

した。すると，そのミヅキちゃんの動作に合わせてまたお母さんが歌うように声をかけ，その高く澄んだ声が，再び部屋の中に響きました。

　このエピソードで，ミヅキちゃんは自分の意思で自由に室内を歩き回ると同時に，周囲の人々やその場の空間にも強い関心を示しています。明るく励ましてくれるお母さんの誘いにのって歩き，紙の前にたどり着くと，今度は自分の体より「もっと高く」といわんばかりに伸び上がって，ここでもまた，自分の力の限界を果敢に超えていこうとしているようでした。
　子どもたちが何か描いたり材料を手に取って遊ぶ場面に居合わせると，直に顔を見合わせて対話していたときには見えなかったものが浮き上がって見えてくることがあります。それは，その子が紙と向き合ったり，描く材料を手に取って行動する中で，その子の内から滲み出てくる「力強さ」とか「繊細さ」といった，その子独自の個性とも呼ぶべき表現の仕方です。ミヅキちゃんの場合，それはおとなしい風貌からはちょっと想像できないような，「できることの限界を超えて貪欲に力を発揮する姿」の中にあり，物に向かって手を伸ばし，周囲の空間に視線を向けながら，自ら行動しようとする姿勢の中にあったのでした。そこに現れていたのは，「何を描いたか」あるいは「どのように描いたか」という限定的な問いからは浮かび上がってくることのない，「描くことに向かって発揮される一人の子どもの力」でした。

6　「描く」とその周辺の表現から

　1歳初めの子どもたちが線を描きはじめる姿は，私たちがふだん当たり前にやっている「描く」や「書く」といった動作が，そもそも「手を動かす」と「見る」の複雑な応じ合いによって成り立っていることを改めて教えてくれます。そして子どもたちの「手を動かしながら見る」あるいは

「見ながら描く」という作業が成り立つまでのプロセスには個人差があって，手の動きと線が対応していることにすぐ気づき，いきなりシュッシュッと運動的ななぐり描きをはじめる子もいれば，ゆらりゆらりとあちこちに目移りしながら描いた線を断片的に認識し，長い時間を経てようやく「描くつもりで描く」という姿勢に至る子もいて，そのみちすじは一様ではありません。

　そのうえで，しかしどのようなプロセスをたどる子も，そのプロセスのひとまずの着地点ともいうべき「描くことの面白さを感じる」という状態に至るまでに，一緒にいる大人の手ほどきを必要とするところは同じです。それは，道具を持つ・手を動かす・線を見る，という一連の動作に対する援助ということでもそうなのですが，とくに子どもたちは，「描く」という作業の周辺で生まれる「楽しさ」や「驚き」などの気持ちを伝えたり伝えられたりするやりとりを求めていて，そのやりとりを通して得られた充実感をあたかもその先の「自分の意思で描く」という活動のよりどころにしているように見えます。

　その中で，ハナちゃんのエピソードは，お母さんとのやりとりの中で一つひとつの描き方を段階的に獲得し，自分の意思にもとづいて線を描くようになるという経過の一例でした。また，自分で歩いて移動できるようになってから，自ら目的の場所に向かっていくと同時に，お母さんと「一緒にいること」あるいは「自分に注意を向けてもらうこと」を求める姿をわかりやすく示してくれた例でもありました。一方のミヅキちゃんのエピソードは，私たちが「描画」という枠組みにこだわらず，その周辺の「生命力の発現」とでも呼ぶべき表現に注目することで見えてくる「その子らしさ」があること，また，「描く」ことの周辺で，「描く」ということに向かう一人の子どもの主体的な力が発揮される場面があることを知らしめてくれた例でした。

　人に向かって物を差し出し，受け取り，歩き，伸び上がり，積極的に自

分の限界を超えていこうとするとき，子どもたちは一緒にいる大人の顔を見たり，声を聴きとりながら行動しています。それは，新しい体験に踏み出していく「わたし」が「いま，ここ」の足場をしっかりと作るために，「わたし」にとって重要な「あなた」が一緒にいてくれることが必要なのだと，身をもって伝えているようにも見えます。第2章でこのことを詳しく見ていきましょう。

第2章

「あなた」とのあいだに生まれる「え」

2人並んで誰かの描いた図の上に線を描きながら，気分が高揚する（ヒロト君とハル君・ともに1歳4ヶ月）

子どもは「え」を描きながら，身振りや声や表情で自分の思いを表現しています。思いは「わたし」と「あなた」とのやりとりの中で相互に作用し，「あなた」と一緒に遊ぶ楽しさへと膨らんでいきます。

　子どもたちが「え」を描く周辺において，互いの思いが伝わり合うやりとりはどのように生まれるのでしょうか。第2章では，1歳初めから1歳半ばの子どもたちの「他者とのやりとり」に焦点を当て，互いに働きかけることを通して伝わり合う気持ちと，そのやりとりの中で浮かび上がる「え」の価値について考えていきます。

1 「わたし」と「あなた」をつなぐ「もの」
──三項関係の中で承認を求める

　描画活動において、子どもが描いた線をほかの誰かと一緒に見ることができるのは、他者と同じ対象に注意を向ける「共同注意（joint attention）」と呼ばれる能力が、およそ生後9ヶ月頃に獲得されるからです。これは描画に限らず、日常生活において、「わたし」と「あなた」が特定の対象を共有する三項関係をつくる力でもあります。認知心理学者のトマセロ（Tomasello, M.）はこの力の出現について、子どもが「相手が自分と同じように意図をもっている」ということをわかりはじめ、かつ相手と注意を共有することを本当に願っていることの現れであると説明しています。[1]

　たしかに、少し描いては喜々として親御さんの顔を見る子どもたちの姿をまのあたりにすると、子どもたちが親御さんに対して「自分と同じものを見てほしい」と当たり前のように強く望んでいることがわかります。そのうえで、第1章で取り上げたハナちゃんとミヅキちゃんのエピソードのように、子どもたちが描画の周辺で人と関わり合う場面では、単に「注意を共有する」というより、もう一つ深い何かを望んで表現しているようにも見えるのです。

　たとえば、ハナちゃんが初めて「え」を描いて遊んだ日、お母さんに対してしきりに繰り返していたことがありました。

〈ハナちゃん・1歳3ヶ月〉
　　ハナちゃんは、両手に1本ずつクレヨンを握ってしゃがんでいました。床の紙に向かって静かにゆっくりと往復線を描いています。そして描きながら、ハナちゃんは傍らにいるお母さんの手元に目をやると、

---

[1] トマセロ, M（大堀壽夫ほか訳）『心とことばの起源を探る』（勁草書房, 2006年）, 第3章「共同注意と文化学習」を参照。

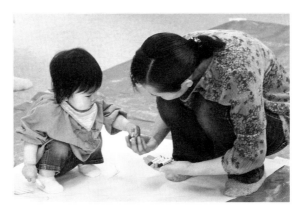

写真2-1　お母さんと何度もクレヨンを交換する
（ハナちゃん・1歳3ヶ月）

お母さんが持っているクレヨンに手を伸ばしました。

　ハナちゃんの手に気づいたお母さんは，自分が持っていたクレヨンをハナちゃんに渡してあげて，その代わりにハナちゃんが持っていたクレヨンをもらって交換してあげました。そしてお母さんのクレヨンをもらったハナちゃんはそれで線を描きはじめたのですが，しかししばらくすると，またお母さんのクレヨンに手を伸ばしました。

　お母さんも，またハナちゃんとクレヨンを交換してあげました。ハナちゃんもそれをもらってまた描きはじめるのですが，しばらくすると再び交換を求めます。やがてお母さんは，いくつかのクレヨンを手のひらにのせて，ハナちゃんが次に手を伸ばしてくるのを待ってあげるようになりました（写真2-1）。

　この二人の様子を近くで見ていた私には，ハナちゃんが「その色がほしい」とねらいを定めて手を伸ばしているというよりは，ただお母さんとやりとりがしたくてそうしているように見えました。そしてお母さんのほうはといえば，はっきりとクレヨンを交換してあげようという判断のもとにそうしているというよりは，「なんとなくそうした

ほうがいいかな」という姿勢でそこにいて，ハナちゃんに応じているように見えました。

　このエピソードの場面には，いろいろな色のクレヨンがあったので，ハナちゃんがほかの色のクレヨンに目移りしてお母さんのほうへ手を伸ばしていた可能性もまったくなかったわけではありません。しかし色を選別するよりも先に手を伸ばしているようだったので，ハナちゃんはやはり「お母さんと交換する」というやりとりそれ自体を求めていたのだろうと思います。そして一方のお母さんは，その求めに応じることがその時のハナちゃんにとって必要であることを肌身で感じてクレヨンを交換していたのではないでしょうか。
　その日，初めてやって来た場所で周りの様子に圧倒されて緊張していたハナちゃんでしたが，線を描きはじめた後，お母さんとクレヨンを交換するやりとりをしながら，次第に気持ちを落ち着かせていったようにも見えました。つまりこの場面でハナちゃんが求めていたのは，クレヨンだけではなく，クレヨンという「もの」を通して，その場面の自分に対する承認をもらうことであったのだろうと思うのです。

2　あいだにあるもの——お互いの思いを感じる

　自分にとって重要な人の承認を得ようとする行動は，子どもたちが新しい体験に踏み出そうとする場面でよく見られます。新しい環境，新しく目にするもの，新しく出会う人々，それらすべてが子どもたちにとって好奇心を抱く対象であると同時に，怖れを抱く対象でもあるからでしょう。そしてその不安に立ち向かうにあたり，自分と一緒にいて自分を見つめてくれる人の存在は一際大きな意味をもつのだと思います。
　この「重要な人との関係性」を，次に，男の子たちのエピソードを見な

がら考えていきます。活動に参加した子どもたちの中に，1歳4ヶ月のハル君とヒロト君という，見るからに活発そうな雰囲気の男の子たちがいました。その日，ヒロト君は初めてやって来たのですが，なぜか二人はちょうど同じくらいの背丈で生え揃ってきたばかりの髪の形がよく似ていて，さらに偶然同じようなボーダー模様のTシャツを着ていたので，どこか初対面とは思えぬ似通った雰囲気を漂わせていました。その二人の出会いと，ヒロト君が初めての場所に少し緊張しながらクレヨンを手に取って描きはじめた場面から見ていきましょう。

〈ヒロト君・1歳4ヶ月，ハル君・1歳4ヶ月〉
　そろそろみんなが集まりはじめる朝の時間，ヒロト君は，お母さんと二人で部屋の奥のほうのスペースに立っていました。その日初めてやって来た二人は，少し遠慮気味に室内の様子を眺めています。
　そこへ，ハル君が元気よく走り込んで来ました。すでに前回の活動に参加して何をして遊ぶのかがわかっているハル君は，やって来てすぐ壁に貼られた大判紙に向かって直進し，お母さんと並んでその紙の前に座りました。その様子を，立ったままのヒロト君が見つめています。すると，ハル君のお母さんが優しい声で言いました。「いっしょにやろ」。
　そのことばはハル君を見ているヒロト君に向けられていたのですが，同時に，わが子であるハル君に対して「こういうときはこう言えばいいんだよ」と教えてあげるようなニュアンスを含んでいました。
　その直後です。お母さんの隣に座っていたハル君が，ヒロト君のほうを見上げて「ア〜」と声を上げました。それはことばというよりも歌うような声で，お母さんのことばに続いて発せられたのですが，どうやらたった今お母さんがやってみせた「話しかけて友だちを誘う」という一連の所作を，ハル君なりに再現しているようなのでした。

第2章 「あなた」とのあいだに生まれる「え」

　それからハル君は紙に向かって線を描きはじめ，一方のヒロト君は，後ろにいるお母さんを振り返って，何か訴えかけるように手を伸ばしました。「ボクもあの子と同じことをやってみたい」とでも言いたげな様子です。

　お母さんは少しかがんでヒロト君の顔を見てから，さらにヒロト君の足元に散らばっているクレヨンのほうへ目を向けると，膝を折ってしゃがみました。すると，立っていたヒロト君もお母さんの動きに促されるようにしゃがんで，それから，最初からそうするつもりだったかのように，自然に足元のクレヨンを一つ拾い上げました。そしてヒロト君は，クレヨンをなぜか一度お母さんのほうへ向けた後，その手を壁のほうへ持っていき，少し離れた位置から「おそるおそる」といった様子で，チョンと紙にあてました。

　そこでようやくハル君と同じように遊びはじめたかに見えたヒロト君ですが，しかし，持っていたクレヨンをすぐお母さんに渡してしまいました。さらには，さっき自分がクレヨンをあてた辺りを指さして，お母さんに「描いて」というような身振りさえしてみせます。ひとりで描き続けるのはこころもとないということでしょうか。お母さんは，手にしたクレヨンをどうしようかと少しためらっているようでした。

　この時点で，私はまだヒロト君のお母さんに活動の仕方（自由に描いて遊んでいいということ）を説明していなかったので，二人に近づいて，「どうぞ，ヒロト君も」と声をかけました。するとお母さんが「あ，いいですか」とほっとしたようにおっしゃったので，お母さんも初めての場所で少し緊張しておられるのだな，とその時わかりました。

　お母さんは，「描いてみよ」とヒロト君を誘うと，少し遠慮がちに，縦方向にヒョロヒョロとうねった形の線を描きました。それからクレヨンをヒロト君に渡して，「描いてごらん」と言いました。クレヨンを渡されたヒロト君は，そのとき，後ろにいた私の方をちらりと見ま

した。いざ描くにあたって人目を気にした，と言ったら大げさですが，ともかく「人に見られている」ということを少し意識しているようでした。そしてもう一度紙のほうへ向き直ると，ヒロト君はとうとう，上から下へ紙をなでるように，シュッと短い線を描きました。「あー……」というお母さんの嬉しそうな声が，小さな部屋に響きました。

　ここまでが，ヒロト君が初めてやって来た日の最初の様子です。ヒロト君は当初，ハル君とハル君のお母さんの「紙に何かを描いて遊んでいる姿」を見て，少し緊張しながらも自分からその活動に向かって近づいていきました。その時の様子をビデオ映像で振り返ってみると，ヒロト君が少し離れた位置からハル君たち親子を見て興味を示し，お母さんに助けを求めつつ紙に接近する様子がわかります（写真2-2）。

　そしてヒロト君は，その場にいたもう一人の大人である私の存在をも認識しつつ，用心深いながらも「自分で線を描く」という最初の目的を達成しました。このプロセスでヒロト君にとって明らかに重要な役割を果たしていたのが，ヒロト君のお母さんです。ヒロト君はお母さんとのやりとりを通してクレヨンと紙面に近づき，最終的には自分から線を描きはじめました。

　この場面は一見すると，「一人では遊び出せないヒロト君」と「ヒロト君を支えるお母さん」という二項的な図式によって成り立っているように見えるのですが，しかしながらそこに「支える／支えられる」という役割観では説明しきれない現象が生まれているところが注目すべき点です。

　ヒロト君がお母さんに向かって手を伸ばしたとき，ヒロト君の様子を見ていたお母さんがヒロト君に視線を合わせてしゃがんだとき，またそれに合わせてヒロト君がしゃがんだとき，おそらく二人はそれぞれに，相手の意図や思いやそれにつながる次のふるまいを「じわじわと」あるいは「なんとなく」肌で感じ取っていて，しかも肯定的に捉えていたはずです。そ

第2章 「あなた」とのあいだに生まれる「え」

①ハル君から声をかけられて，

②線を描きはじめたハル君を見つめる。

③お母さんのほうを振り返って手を伸ばし，

④お母さんと一緒にしゃがんでクレヨンを拾う。

⑤おそるおそる，紙にクレヨンをあてた。

写真2-2　ヒロト君が描画をはじめるまでの様子（ヒロト君・1歳4ヶ月）

うでなければ，すんなりと同じタイミングで動くことはできません。そこにあったのは，役割的な意識や義務感ではなく，もっと自由でやわらかい，人と人とのあいだで自然にうごめく感情でした。

3　わくわくする──楽しい気分が作用し合う

　先のエピソードの場面を経て，ヒロト君はまもなく室内を自由に歩き回るようになりました。座って描いたり立って描いたりと活発に動き回り，さらに自分とよく似た風貌のハル君と気が合ったのか，ほどなくして，二人は並んで同じ遊びをするようになりました。

　写真2-3は，壁面の紙に向かって勢いよく線を描いているヒロト君とハル君の後ろ姿です。大人の誰かがが描いた円状の図があるところをねらって，上から下へ線を描いています。おそらく二人とも，クレヨンの手応えが面白くてその動きを繰り返していたのでしょう。それは描画というよりもむしろ運動と呼ぶ方がふさわしいような，全身の力がこもった描き方でした。

　そして実はこの出来事の少し前に，室内ではある「事件」が起こっていました。次のエピソードは，ハル君とヒロト君が関わっていたその出来事の一連の様子です。

　〈ヒロト君・1歳4ヶ月，ハル君・1歳4ヶ月〉
　　その日の参加者が揃ってそれぞれに遊びはじめ，室内がすっかり賑やかになった頃，私はふと，用意していたクレヨンが少なくなっていることに気づきました。もしかして全部出すのを忘れていたかなと思い，クレヨンのストックが置いてある場所を確認したのですが，しかしどうやらそういうわけでもありません。クレヨンはどこへ消えたのだろう？　と首をひねっていると，ヒロト君とハル君の二人がクレヨ

第2章 「あなた」とのあいだに生まれる「え」

写真2-3　繰り返し上から下に線を描く
（ヒロト君とハル君・ともに1歳4ヶ月）
※　円状の線は大人が描いたもの

ンを持って部屋の中央をウロウロしている様子が目に入りました。

　部屋の中央には，空間の間仕切りとして「巧技台」と呼ばれる運動用の台が置いてありました。活動をはじめた当初は，活動スペースにある物をすべてよけてオープンな状態にしていたのですが，しかしそれでは子どもたちの注意が散漫になり，大人も参加者同士の視線にさらされることで緊張してしまいやすいことがわかったので，部屋の備品だった巧技台を真ん中に置くことにしたのでした。ヒロト君とハル君が歩き回っていたのはその台の周辺でした。

　二人を眺めながら，私はクレヨンが少なくなった原因に気づいて，思わず「あっ」と声をあげました。木の枠を重ねた巧技台にはところどころに隙間があって，その隙間からヒロト君とハル君が次々とクレヨンを差し込んでいたのでした。

　私が巧技台のふたを外してみると，案の定，中にはクレヨンがたくさん落ちていました。近くで話をしていたお母さんたちも気づいて，「まあ！」と驚いています。

写真2-4　巧技台の隙間からクレヨンを差し込み続ける（ハル君・1歳4ヶ月）

　その傍らで，こちらの驚きをよそにハル君とヒロト君の顔は少し笑っていて，ふたを外した台の隙間からまだクレヨンを差し込み続けているのでした（写真2-4）。彼らが一つずつ穴に差し込む度に，ぽとっと音を立ててクレヨンが中に落ちます。その瞬間の二人の表情は，ただ「嬉しい」とか「楽しい」というよりも，もっと知恵を働かせているような顔で，強いて言うなら「面白いことを見つけちゃった」とでもいうような，どこかわくわくしている顔でした。

　この時のことを私はよく覚えており，クレヨンがなくなってしまうとその日の描画活動が滞ってしまうので，ニコニコしている二人に気兼ねしつ

つも巧技台を部屋の隅へ移動してしまったのですが，ハル君とヒロト君はもう十分遊んだ後だったからか，とくに抵抗するでもなく，その様子を見ていました。壁面の紙に向かって並んで線を描く二人の姿が見られたのは，その少し後のことです。私の目には，それは「男同士でつるんでいる」という表現がぴったりの，やんちゃな少年たちの姿に見えました。

ハルト君とヒロ君は，一緒にクレヨンを差し込む遊びをしたことで，お互いをより親しみある存在として認識したようでした。一緒に同じことをしているだけで楽しいようで，1歳4ヶ月の二人のあいだでことばや直接的なやりとりが交わされていたわけではないのですが，ただその場で通じ合う「わくわくした感じ」が，互いを引きつけ合い，より親しい関係性に発展させていたのだと思います。

4　いっしょに描いて——一緒に遊ぶ場面をつくる

描画活動の周辺で，表情や身振りに自分の思いを滲ませながら周囲の人と関わり合う子どもたちの姿を見ていると，「え」を描き出すにあたって，まず彼らにとっては何よりも心の交流が大切なのだということがつかめてきます。

そのように交流しながら描く場面は，大人のほうからしかけたり，偶然のなりゆきで生まれる場合もあれば，子どもが自らその形式をつくろうとする場合もあります。その一例を，次はアカリちゃんのエピソードで見ていきましょう。

〈アカリちゃん・1歳5ヶ月〉
　初めて活動にやって来たその日，アカリちゃんは室内をちょこちょこと機敏に歩きながら，周囲の人々や置いてある物をよく見ていました。アカリちゃんはクレヨンを手に取ると，周りにいたお母さんたち

に一つひとつ手渡してから，ほかの子どもたちが紙に向かって線を描いているところを見て，今度はそれと同じように紙の上で左右に手を振りはじめました。しかしそれは「描く」というより「描く身振り」の真似のようで，アカリちゃんのクレヨンは紙の上を素通りし，はっきりした線を残すことができませんでした。アカリちゃんは何かを思いついたように体をひねって立ち上がると，後ろに向かってトコトコと歩き出しました。

　アカリちゃんがクレヨンを散らかしたまま行ってしまったので，近くにいたアカリちゃんのお母さんは，手早くクレヨンを拾って，はじめにクレヨンを入れていた透明なプラスチックカップの中に片付けました。お母さんは，その場を散らかしておかないようにと気を遣ってくださっているようでした。そこへアカリちゃんが戻ってきたのですが，その手には新たにクレヨンの入ったカップを持っています。ほかの場所にあったクレヨンを見つけてきたようですが，しかしお母さんが片付けたところへまたクレヨンを増やすことになるので，二人の行動はあべこべです。

　アカリちゃんは自分がもといた場所に座ると，持ってきたクレヨンの一つを取り出して，お母さんに差し出しました。しかしお母さんは緊張しておられるのか，周囲に視線を向けていて，アカリちゃんがクレヨンを差し出していることに気がつきません。アカリちゃんは立ち上がり，トコトコとお母さんの目の前まで行って，お母さんの手にクレヨンを押しつけるようにして手渡しました。あら，と気がついたお母さんが，そのクレヨンを受け取ります。

　アカリちゃんはまたもとの場所に戻ってきてちょこんと座り，紙をはさんでお母さんと向かい合う体勢になりました。お母さんは「どうしようかな」と思案されている様子で，一度クレヨンをカップの中に戻したのですが，しかし何か思いついたように再びクレヨンを取り出

して，それをトントンと紙にあてはじめました。するとそれを見たアカリちゃんも，お母さんの真似をして，紙の上で手を大きく上下に振ってトントンと点を打ちはじめました。それが，この日初めて活動に参加した二人の「描く遊び」のはじまりになりました。

　このエピソードで，アカリちゃんは当初，周囲の様子を見ながら描画の「型」を視覚的に理解し，自分なりの再現を試みたようでした。
　私たちは通常，「描く」という作業に伴う身体の動きをとくに意識することがありません。しかし実際の描画作業には，「紙に向かってクレヨンを持ち，手を見ながら動かす」という基本の「型」があり，私たちはどこかでその型を身につけてきて今に至ります。また，「二人の人間が向き合って一緒に描く」ということも一つの「コミュニケーションの型」であり，アカリちゃんはその両方を再現するための行動を試みていたようでした。
　アカリちゃんははじめにお母さんの顔に向けてクレヨンを差し出したのですが，それでお母さんが気づかないとわかると，今度はクレヨンをお母さんの手に持たせるという具体的なアプローチをしました。アカリちゃんの視線は，はじめお母さんの顔に，次にお母さんのほうへ歩いて近づきながらお母さんの手元に向いていました。「お母さんにもクレヨンを持って一緒に描いてもらいたい」という目的が明確だったのでしょう。それは，まだ「一緒に描いて」ということばも話せない小さなアカリちゃんが，自分が望む場面を自分の行動によって組み立てて実現してみせた，なんとも頼もしい姿でもあったのです。

5　きれいだね──「え」の価値を知る

　先のエピソードで，アカリちゃんが自ら「お母さんと一緒に描く」という場面づくりをしたことには，二つの理由が考えられます。一つは，ハナ

ちゃんがクレヨンを交換しながら自分を承認してもらっていたように，お母さんと一緒に描く場面を実現させることでアカリちゃんが自分を承認してもらおうとしていたこと，そしてもう一つは，お母さんと二人で一緒に楽しむことが，アカリちゃんにとって純粋な喜びだということです。どちらの意味でも，とにかく「一緒に遊ぶ」ということがアカリちゃんにとって重要だったわけですが，さらにそこでは，描かれた「え」そのものを「見て感じる」という体験が，二人のやりとりに独特の意味をもたらします。

　先のエピソードから2週間後，活動の場に少し慣れはじめたアカリちゃんとお母さんは，以前よりもいくぶんリラックスした様子で遊ぶようになりました。その一場面を見てみましょう。

〈アカリちゃん・1歳6ヶ月〉
　アカリちゃんは，部屋の隅に歩いていって壁に貼られた紙の前に立つと，立ったまま紙に向かって線を描きはじめました。描画の作業に慣れたことと，少し力がついてきたのか，以前よりも筆圧が強くなって，クレヨンの線をしっかりと紙に残せるようになっています。線を描く手応えが面白いようで，アカリちゃんはオレンジのクレヨンを持った手を何度も上下に往復させました。目の前にオレンジ色の線が連なり，アカリちゃんはそれをじっと見つめます。
　その姿を後ろで見ていたお母さんが，「上手だねえ」とささやくように声をかけました。それからアカリちゃんに「青は？」と尋ねたので，アカリちゃんはお母さんのほうを振り返り，持っていた3本のクレヨンのうちの一つをお母さんに向けました。それは黄緑色でしたが，お母さんはかまわずそのクレヨンを受け取ってあげました。そしてアカリちゃんの後ろから紙に向かって手を伸ばし，アカリちゃんが描いたオレンジ色の線の上から黄緑色の線を描き足していって，静かな声

第 2 章　「あなた」とのあいだに生まれる「え」

①上から下に描く。

②手を下に振り切る。

③描いた線を見る。

④また描く。

⑤お母さんを振り返る。

⑥お母さんも描き足す。

⑦一緒に楽しくなってきた。

写真 2-5　線を描くアカリちゃんとお母さんのやりとり
　　　　　（アカリちゃん・1 歳 6 ヶ月）

で「きれいだね」と言いました。すると前を向いてお母さんの手元を見ていたアカリちゃんが，静かにニコリと笑いました。

　このエピソードはわずか数分のあいだの出来事を書き起こしたものですが，アカリちゃんとお母さんが一緒に線を描く作業を静かに楽しんでいた様子がとても印象的だった場面です。そして，このように記述しなければ，とりたてて記憶にとどめられることもないであろうささやかすぎるやりとりの場面でもありました。写真2-5は，この場面の映像をコマ切れにして抜き出したものです。

　子どもたちが「え」を描く場面には，その場で生まれ，その場をともにする「あなた」とだけ分かち合うことのできる思いがあります。「思い」とは，おそるおそる描きはじめるときの不安や，描く手応えの喜び，描いて遊びながら自然と湧き起こる「楽しい」「嬉しい」という気持ちなどです。

　それに加えて，「え」を描きはじめたばかりのこの時期だからこそ純粋に感じられる線描の面白さもあります。アカリちゃんが描いていたのはただの「線」であり，その形状に意味はまだないのですが，しかし異なる色の線が連なっていくというシンプルな様態で，アカリちゃんとお母さんのあいだに「きれい」という一つの価値をもたらしていたのでした。

　クレヨンを使い慣れると気に留めることもなくなってしまうのですが，紙にペタリと厚みのある着色ができるクレヨンは，もともと線を描くだけでも美しい画材なので，何か具体的なものを描いたり説明したりしなくとも，「きれいだ」と感じられれば，線描きだけを楽しむことができるのです。線を描いて笑うアカリちゃんとお母さんのやりとりは，そういうクレヨンの素朴な楽しみ方を改めて思い出させてくれるエピソードでもありました。

6 「あなた」とのやりとりから

　私たちは日々，人とやりとりする中で「相手とのあいだに伝わり合う感情」を感じています。本章で取り上げたエピソードには，子どもたちが「え」を描きながらそれを互いに感じ合ったり，さらにはそれを自分への承認として感じ取りたいがために，積極的に行動を起こす場面がありました。

　この「相手とのあいだに伝わり合う感情」の特性を，鯨岡峻は「間主観性」という概念を用いて説明しています。(2) 間主観性とは，文字通り，主体である人と人とのあいだの相互的な関係において，目の前にいる相手の状態がなんとなく「わかる」と感じ取られる心のありようであり，密接な関係にある両者それぞれの内で相手に対する強い感情が生まれるとき（たとえば母親が赤ちゃんを「可愛い」と感じ，赤ちゃんがそれを「嬉しい」と感じるとき），両者が互いの思いを受け止め，それによって生まれた感情を相手に映し返していくやりとりの中で起こる心の働きをさします。(3)

　やりとりの中で生まれるふとした仕草，表情，声。それらの中に含まれる思いが互いに伝わり合う状態は，たとえば本章の第2節のエピソードで，ヒロト君がお母さんを振り返りながら少しずつ紙に近づいて線を描きはじめる場面で顕著に表れていました。

　子どもたちの「え」の周辺には，たとえばそんなふうに，大人の方から「やりたいんだね」「やってみようか」「やってごらん」というように少しずつ歩み寄って拾い上げていくことによって，じわじわと浮上してくる気持ちがたくさんあります。その気持ちとは，たとえば行動を数値化したり，子どもの表面的な意思表示を根拠にして説明できるものではありません。

---

(2) 前出『ひとがひとをわかるということ――間主観性と相互主体性』を参照。
(3) 前出『エピソード記述法――実践と質的研究のために』の序章「なぜ，いまエピソード記述の方法論なのか」を参照。

それはまずもって,「大人であるわたし」が,それまでに積み上げてきた既成の知識を一度頭の中から取り払い,一人の主体としてそこにいながら子どもと向き合うことによってはじめて,実感を伴って感じ取られるものです。第1節のエピソードでハナちゃんのお母さんがハナちゃんとクレヨンを交換していたのも,第5節のエピソードでアカリちゃんのお母さんがアカリちゃんと一緒に線を描いたのも,おそらくは既存の知識にもとづいてそうしたわけではなく,目の前の子どもたちの様子を見ながら,そのように関わることが自然であると感じられたからでしょう。そして一方の子どもたちも,そのお母さんの自分への向き合い方を自然に感じ取り,受け入れていたように見えます。

　そのように互いを感じ取り合う関係の中で,両者のあいだで描かれた「え」は,その場に新しい「価値」を浮上させます。それは,描いた線の力強さや美しさといった「え」そのものの様態が示す価値ですが,それを見つけたとき,おそらく子どもたちは「それを生み出した(描いた)自分の価値」にも気づくはずです。このことはやがて,まもなくはじまるはっきりとした「わたし」の主張につながっていきます。次の第3章で,これを見ていきましょう。

第3章

主張する「え」

高いところを目指して描く
(ミヅキちゃん・1歳4ヶ月)

子どもたちは1歳半ば頃から，自分の意思を激しく主張する育ちの段階に入ります。力の限り泣いたり怒ったりする姿に周囲の人々は戸惑いますが，それは一人の人間として自分の中に生まれた思いを自覚し表明するようになった成長の証でもあります。

　子どもたちが自分を一人の人間として主張するようになるのは，「え」を描く場面においても同様です。第3章では，子どもたちが描画活動の周辺で自分の思いを主張する姿と，「え」を描く中で「わたし」という主体を主張しはじめる様子を，アカリちゃんを中心とするエピソードを手がかりにして読み解いていきます。

第3章 主張する「え」

1 どうしてもほしい──自分の意思を押し通す

　1歳の子どもたちの月齢が上がっていくと，思い通りにいかない場面で泣いたり怒ったり，ものを取り合ったり，納得いかずにぐずり続ける姿などが頻繁に見られるようになります。周囲の大人にとっては大変な時期ですが，しかし同時に，それは子どもたちが一人の人間としての主体性を立ち上がらせていくうえで欠かすことのできないステップでもあります。

　本章では，まず描画の活動から少し離れ，子どもたちが自分の思いを主張し合う場面の一例として，激しくペットボトルを取り合う様子を取り上げておきます。

〈ユウタ君・1歳3ヶ月，ヒロト君・1歳5ヶ月，アカリちゃん・1歳6ヶ月〉

　数名のお母さんたちが車座になって談笑しているところへ，ヒロト君がペットボトルを持ってやってきました。ヒロト君は，お母さんたちの周辺に散らばっているクレヨンをつまんで拾い上げ，それをペットボトルの口から中へ差し込みました。その様子を見ていたお母さんたちが驚いたように笑い，「すごい」とか「入れちゃうんだ」などと口々にヒロト君に声をかけました。

　ヒロト君はお母さんたちの明るい反応が嬉しかったのか，一番近くにいたユウタ君のお母さんの方に向かって少しかがんで，持っていたペットボトルを差し出しました。ユウタ君のお母さんが「ありがとう」と言ってそのペットボトルを受け取ると，ヒロト君は満足したのかいったんその場を離れ，代わりにそのやりとりを近くで見ていたアカリちゃんが，ペットボトルめがけて近寄ってきました。それからアカリちゃんは，先ほどヒロト君がやっていたように，ペットボトルの口にクレヨンを差し込みはじめました。するとヒロト君も戻ってきて，

アカリちゃんと一緒にまたペットボトルにクレヨンを入れはじめました。ユウタ君のお母さんの手元に向かって子どもたちが集まってくる格好になり，ユウタ君のお母さんは楽しそうに笑いました。
　その時，近くでその様子を見ていたユウタ君（1歳3ヶ月）が，お母さんが持っているペットボトルに手を伸ばしました。どうやら自分に持たせてもらいたいようで，お母さんはその求めに応じてユウタ君にペットボトルを渡してあげました。
　ユウタ君は両手でペットボトルをつかんで，中に入っているクレヨンをじっと見つめました。この時すでにペットボトルの持ち主は変わっていたわけですが，しかしアカリちゃんとヒロト君がそれにかまわずユウタ君が持っているペットボトルにクレヨンを入れ続けようとしたので，ユウタ君は二人の手を避けるように，ペットボトルの口を自分の体のほうへ向けてしまいました。それを見て，ヒロト君はもうクレヨンを入れることは無理そうだと理解したのかその場を離れていったのですが，一方のアカリちゃんは諦めませんでした。
　アカリちゃんは，ユウタ君が持っているペットボトルの口を片手でつかみました。入れさせてくれないのならペットボトルそのものをもらってしまおうという心づもりのようです。しかしユウタ君は，「やめて」と言わんばかりにその手を払いのけました。それから，さらにアカリちゃんの手を逃れて，ペットボトルを床に押し付けて引きずりながら四つ這いで逃げていきました。アカリちゃんはそれでも諦めずにユウタ君を追いかけ，ユウタ君が進むのを止めて片手でペットボトルを持ち上げたところで，とうとうペットボトルを取り上げてしまったのでした。

　このエピソードで取り合いの対象になったペットボトルは，こちらで用意していた遊び道具の一つで，無色透明の500mlのものです。日本製のペ

ットボトルは丈夫でデザインが美しく，中に入れたものがきれいに見えるので，子どもたちが好んで手に取り，中に物を入れて遊びたがる道具でした[1]。

　そのペットボトルをアカリちゃんとユウタ君が取り合いはじめる前，もともと持ってきたのはヒロト君だったのですが，ヒロト君はもう遊んだ後だったからか，クレヨンを差し込もうとしたところをユウタ君に拒まれると，あっさりと諦めてその場を去りました。しかしアカリちゃんはペットボトルを自分のものにしたいという意思を押し通すためのより積極的な行動に出て，ユウタ君と取り合いをはじめました。これが，まず最初のエピソードです。

2　泣いて「わたし」になる──自分の気持ちを表明する

　ところで，アカリちゃんとユウタ君がペットボトルを取り合いはじめる様子を，それぞれのお母さんたちはごく近くで見ていました。しかしお母さんたちは「あ〜あ」と言ったり苦笑いはするものの，慌てて止めることをしませんでした。落ち着いて見ていられた理由には，おそらくその二人がペットボトルの取り合いに集中していて，相手を叩いたりするような気配がなかったことがあるでしょう。そしてその予測どおり，二人は取り合いに終始して互いに手をあげることはなかったのですが，しかし利害の一致しない気持ちのぶつかり合いが平和なまま終わるはずはなく，やがて事態は大人たちが落ち着いて見ていられない方向へ発展します。以下，先のエピソードの続きです。

---

[1] ペットボトルは細長いものをつまんで差し込んだり取り出したりして遊ぶのに適していますが，中身を満杯にしてしまうと中身を取り出しづらくなるので扱いには注意も必要です。

〈ユウタ君・1歳3ヶ月，アカリちゃん・1歳6ヶ月〉

　アカリちゃんは，ユウタ君から取り上げたペットボトルを持ってもとの場所へ戻ってくると，それをお母さんに渡しました。アカリちゃんのお母さんは呆れたように笑って，中に入っているクレヨンを取り出すために，ペットボトルを逆さにして振りました。アカリちゃんもそこに手を添えます。

　そこへ，ユウタ君が戻ってきました。アカリちゃんに近づいたユウタ君は，先ほど自分が持っていたペットボトルを取り返しにかかりました。アカリちゃんはすかさずペットボトルを自分の方に引き寄せ，イヤイヤというように左右に振って，ユウタ君の手を逃れようとしました。しかしユウタ君も諦めず，何度かペットボトルをつかみ損ねたものの，ついにしっかりつかむと，力ずくで引っ張って取り上げることに成功しました。

　そのまま仰向けに寝転んだユウタ君に，今度はアカリちゃんが覆いかぶさって，ペットボトルを取り返そうとします。しかしユウタ君は寝転んだまま，ペットボトルをしっかりつかんで放しません（写真3-1）。どちらも真剣な表情です。そしてつかみ合った末に，ユウタ君が片手でペットボトルを持ったまま体をひねってぐるりと寝返り，アカリちゃんに背を向ける格好になりました。するとその直後，アカリちゃんが泣き出しました。ワー，ワー，と全力で声をふり絞るようにして泣き叫んでいます。

　それを見た私は，これはペットボトルがもう一つなければ収まらないだろうと思い，急いで別の場所に置いてあったペットボトルを持ってきて，「もう1本あるよ」とアカリちゃんに声をかけました。しかし，泣きながらユウタ君のペットボトルを取ろうとしているアカリちゃんはそれに気づきません。その時，アカリちゃんのお母さんが私のペットボトルを受け取って，「アッちゃん，アッちゃん」と呼びかけ

第3章　主張する「え」

写真3-1　力でペットボトルを取り合う（アカリちゃん・1歳6ヶ月，ユウタ君・1歳3ヶ月）

ながらアカリちゃんの背後に回りました。それからアカリちゃんの前に手を伸ばしてペットボトルを持ち，アカリちゃんの目の前でクレヨンを入れて見せました。

　ぽとり，と音がした瞬間，アカリちゃんの泣き声が止みました。視線が目の前のペットボトルの中に向いて，さらにお母さんに手を持ってもらいながら自分でもクレヨンを入れたところ，少し気分が落ち着いてきたようでした。一方のユウタ君は自分のペットボトルを持って，トコトコとその場を離れていきます。

　二人にはそれぞれ1本ずつペットボトルが渡され，それで問題は解決したかに見えたのですが，しかしアカリちゃんは気持ちがおさまらないのか，ペットボトルを持ったまま，再び「ワー」と声を上げて泣きはじめました（写真3-2）。お母さんが泣いているアカリちゃんをなだめ，近づいてきたほかの子どもが心配そうにアカリちゃんの顔をのぞき込みますが，アカリちゃんは泣き止みません。

　それからしばらくして，ユウタ君のお母さんがユウタ君を連れてアカリちゃんの前に戻り，申し訳なさそうに「ごめんね」と言ってユ

写真3-2　気持ちがおさまらずに大声で泣く
（アカリちゃん・1歳6ヶ月）

　ウタ君と並んで座ると，ようやくアカリちゃんは泣き止んだのでした。

　このエピソードの後，アカリちゃんとユウタ君は，しばらく近くにいながらそれぞれにペットボトルを持って遊んでいました。アカリちゃんがペットボトルを振って音を鳴らしているのを見てユウタ君も自分のペットボトルを振ってみたり，アカリちゃんがわざわざユウタ君のほうへ近づいてうろうろしたりして，それから間もなく二人はそれぞれのペットボトルを手放したので，ペットボトルへの強いこだわりがあったわけでもなければ，

取り合ったときの悔しい気持ちがずっと続いているわけでもないようでした。

　これをふまえて振り返ってみると，二人にとってまず大切だったのは，当然ながら「ペットボトルを欲しいと思ったその時の気持ち」です。そして二人がその気持ちに素直に行動した結果，力と力の戦いになり，最終的に負けてしまったアカリちゃんは泣き出すことになりました。ちょっとかわいそうだったのですが，しかしこのプロセスには，とても大切な意味があるように思われました。

　ペットボトルの取り合いの中で，アカリちゃんは自分が取られてしまったために全力で泣き続けたわけですが，それは，アカリちゃんの中でそのくらい「悔しい」「悲しい」という感情が生まれたからです。そのようにまず自分の気持ちをはっきり示し，泣いたり怒ったりして感情を表すことは，実際の欲望が叶うかどうかはさておき，子どもが今，自然に生まれた感情を自分の内で「よし」として，その子自身を生きていることにほかなりません。また，自分の気持ちを泣いて表明することによって，ほかの誰でもない「わたし」という主体の輪郭がはっきりと浮かび上がってくるということもあるでしょう。このケンカが後を引かなかったのは，アカリちゃんがしっかりと泣くことによって，自分の気持ちを自分のものとして消化し，「わたし」であることの誇りを保つことができたからだと思うのです。

　それから，アカリちゃんが大声で泣いてくれたことによって，のんびり見ていた私たち大人も二人の気持ちを受け入れておさめるべく自然と動いていたわけですから，アカリちゃんがはっきりと自分の気持ちを表明することは，周囲の人々それぞれの能動的な行動を引き出す一面も併せ持っていたことになります。

3　わたしだって描く——線を重ねる

　描画の話に戻りましょう。この後は，子どもが描画活動の中で主体としての「わたし」を主張する様子を順を追って見ていくことにします。

　まず1歳前半から半ば頃の子どもたちの「え」の描き方には，面白い特徴があります。一緒にいる人が近くで何か描いていると，その上から描こうとしたり，描いている手をそちらへ伸ばして線を接近させていくのです。[2] この特徴をふまえて，私は次のような「描画遊びのヒント」を何度かメモにして親御さんたちに提示していました。

> お子さんに見えるように，紙のどこかに○や□の枠を描いてみてください。お子さんが枠の中へ線を描き足してきたら，ちょっと離れた場所や，高い場所にも描いてみてください。

　この内容は，子どもが親御さんの描く線に向かっていきながら描くであろうことを想定し，そこから親子間のやりとりが展開することを意図したものでした。そしてその期待どおり「親子が互いに描いたり描き足されたりする」という遊びがあちこちで展開されることになりました。アカリちゃんが1歳7ヶ月のときのエピソードでその一例を見ておきましょう。

---

(2)　この特徴は乳幼児と障がい児の発達研究で知られる田中昌人も1歳児の発達診断の項目として設定しています。田中はこの描画行動を「モデル線に対する接近」と呼び，後に「自我の発生」が起こる前のサインとして位置付けています（田中昌人『1歳児の発達診断入門』大月書店，1999年）。

第3章 主張する「え」

写真3-3　お父さんとお母さんが描いた線の上に自分の線を重ねて描く（アカリちゃん・1歳7ヶ月）

〈アカリちゃん・1歳7ヶ月〉

　その日はちょうど7月の「海の日」にあたる祝日で，アカリちゃんは，ご両親と一緒に家族三人でやって来ました。アカリちゃんのお父さんが活動に参加するのは初めてです。

　お父さんと一緒にやって来たアカリちゃんは，いつもとは少し様子が違い，笑顔がひときわ明るく，何か特別な感じを全身から漂わせていました。アカリちゃんが三人で来られたことを喜んでいるのは，一目見てわかりました。

　三人は床に貼られた紙の前に並んで座って，その日のメモを見たお母さんがぐるぐるときれいな円を描き，その横でお父さんは四角形を描きはじめました。そして二人が描いたその線の上から，アカリちゃんは腕を振るような動作で往復線を重ねていきました（写真3-3）。

　それから，お母さんはアカリちゃんの顔をのぞき込むと，少し離れた紙の上に手を伸ばしました。そしてそこにも円を描いて，再びアカリちゃんの顔を見ます。すると，アカリちゃんがパッとお母さんの顔を見上げました。目を輝かせており，何か気づいたという表情です。

写真3-4 お母さんと顔を見合わせて互いの意思を汲み取る（アカリちゃん・1歳7ヶ月）

写真3-5 お母さんと線の追いかけっこをする（アカリちゃん・1歳7ヶ月）

　そのアカリちゃんを見てお母さんは「ふふふ」と笑い，そこで二人は互いの意思を汲み取り合って，何か暗黙の合意をしたようでした（写真3-4）。

　アカリちゃんは四つん這いになってお母さんが描いた円に近寄っていき，その上からぐいぐいと線を描きはじめました。するとお母さんが「こっちにも描いちゃおう」と言ってもっと遠くにマルを描き，アカリちゃんが笑いながらそれを追いかけました（写真3-5）。線の追いかけっこです。その二人の様子を，側にいるお父さんが嬉しそうな表情で眺めていました。

　このエピソード以前に何度かお母さんと二人で活動に参加したことがすでにアカリちゃんにとっての「普通」の出来事になっていたとするなら，その日の活動への参加はさらに「お父さんと一緒」という嬉しい要素が加わった「特別」な出来事だったのでしょう。アカリちゃんが感じているであろうその喜びが，いつにも増してアカリちゃんの活動力を高めているように思われました。

そしてその日，お母さんと遊ぶアカリちゃんには，どこか得意げな様子もありました。お母さんの描いた円に自分が描く線を近づけたり上から被せて描いたりすることを楽しんでいると同時に，誇らしく感じているようにも見えたのです。それは，線の追いかけっこの遊びの中に，「あなた（お母さん）」だけではなく「わたし」だって同じように描けるのだ，と主張するアカリちゃん自身の表現が立ち上がっていたからではないかと思うのです。

4　「わたしが」してあげる──描き方，遊び方を先導する

先のエピソードの日，アカリちゃんは，描画活動の周辺でもご両親とのやりとりの中で自分の力を表明しようとしていました。次のエピソードは，そんなささやかなやりとりの一場面です。

〈アカリちゃん・1歳7ヶ月〉
　お父さんとお母さんとアカリちゃんの三人は，引き続き床に貼られた紙の前に座っていました。お父さんがアカリちゃんの左側，お母さんは右側に座って，アカリちゃんは二人にはさまれながら紙に向かって線を描いていました。
　そのとき，お父さんの目の前に先ほど使っていたクレヨンがぽつんと置かれていて，手持ち無沙汰の様子のお父さんはそれを拾い上げると，自分とアカリちゃんのあいだの辺りに置き直しました。それは「散らばっている物が目に入ったからちょっと片付けた」という感じの何気ないふるまいだったのですが，お父さんがクレヨンを置いたその瞬間，アカリちゃんが素早くそのクレヨンを取り上げました。それから，なぜか自分が持っていたクレヨンをお父さんに向けて差し出しました。何も言わずにクレヨンを差し出すアカリちゃんの代わりに，

お母さんがことばを添えます。「どうぞ，パパどうぞって」。お父さんは，アカリちゃんがクレヨンを自分に渡そうとしていることに気づいて，それを受け取りました。
　その後もアカリちゃんは，自分が持っているクレヨンを度々お父さんに差し出しました。その様子は，まるで「今日はわたしがお父さんのお世話をしてあげるのだ」といわんばかりです。そしてお父さんも，自分が持っているクレヨンをお返しに渡してあげようとするのですが，なぜかアカリちゃんはお父さんのお返しには反応しません。気づかないのか「してもらう」ことには興味がないのか，とにかく受け取らないで，紙に向かってせっせと線を描き続けているのでした。

　このエピソードの場面からは，アカリちゃんが「お父さんに必要なものを私が渡してあげよう」という態度でお父さんに接している様子が窺えます。もともとアカリちゃんには，道具を人に渡してあげるやりとりを好んでするところがあったのですが，時を経るごとに，その行動がより明確な意思に裏付けられていくように見えました。もう一つ，そのさらに1ヶ月後，1歳8ヶ月になったアカリちゃんとお母さんとのやりとりを見てみましょう。

　〈アカリちゃん・1歳8ヶ月〉
　その日の活動が中盤にさしかかった頃，私はアカリちゃんが部屋の中央に置いてあった間仕切り台の上に手を伸ばしているのを見つけました。台の上には，描画に使うクレヨンや木炭などの材料が並べてあって，アカリちゃんは，それまで自分が使っていたクレヨンの箱を台の上に戻し，代わりに別の材料を取ろうとしていたようでした。
　私は台の前へ行き，お菓子の缶の四角いふたに木炭を数本のせてアカリちゃんに渡してあげました。アカリちゃんは両手でお盆を受け取

第3章　主張する「え」

①缶のふたに画材を載せて運ぶ。

②道具を脇に置いて描きはじめる。

③画材をお母さんにも渡す。

④道具を持って移動する。

⑤お母さんを連れて行く。

⑥並んで描きはじめる。

写真3-6　お母さんを先導するアカリちゃんの様子
（アカリちゃん・1歳8ヶ月）

るような格好でそれを受け取り，床に貼られた紙があるほうへ運んでいって，紙の前に座りました。それから丁寧な所作で両手で缶のふたを紙の上に置くと，1本の木炭を手に取り，紙に向かってサラサラと往復線を描きはじめました。

　そのアカリちゃんの向かい側にアカリちゃんのお母さんがやって来てしゃがんだので，アカリちゃんはお母さんに木炭を差し出しました。いつもの「道具を渡してあげる」光景です。木炭を受け取ったお母さんはアカリちゃんと向き合って線を描きはじめ，しばらくそこでそのまま二人で遊び続けるかに見えたのですが，なぜかアカリちゃんは立ち上がって，先ほどの間仕切り台のほうへ小走りで向かっていきました。間仕切り台の側面には，そこでも描画ができるように大判紙が貼

55

られていたのですが，アカリちゃんはその大判紙が貼ってある面ではなく，紙が貼られていない台の側面に木炭をあてました。そこで少し手を動かし，お母さんのほうを見ました。そこが描くべきではないところだと薄々わかってか，お母さんの反応を確認しているようです。

　それもすぐにやめて，アカリちゃんは小走りにお母さんのところに戻ってくると，先ほど使っていた数本の木炭を手際よく集めはじめました。それから，片手に木炭を握り，もう片方の手に缶のふたを持って，間仕切りの台の近くに持っていきました。そして再びトコトコと忙しそうに戻ってきて，今度はお母さんの手を引っ張りました。どうやら運ぶものに順序があって，最後にお母さんを連れていく段取りだったようです。お母さんは「ママも行くの？」と言いながら，アカリちゃんに手を引かれて歩いて行きました。そしてアカリちゃんとお母さんは，今度は間仕切りの台の紙の前に座って，並んで線を描きはじめました。

5　「わたしが」描きたい——描く主体が「あなた」と分かれる

　先のエピソードのアカリちゃんとお母さんの様子をビデオ映像から抜き出した画像が写真3-6の①〜⑥です。ここでもアカリちゃんは「わたしがお世話をしてあげる」といった様子で，自分がお母さんをリードしているような，どこか得意気な様子でした。そして，その後もアカリちゃんは忙しく室内の移動を繰り返していたので，もしかするとこの頃，「自分の意志で場所を移っていく」というそのことが，アカリちゃんが自分の主体性を表明する一つの方法にもなっていたのかもしれません。

　そしてこの後，アカリちゃんは一人の「描く主体」として，一つの分岐点を迎えることになりました。以下，続きのエピソードです。

第3章　主張する「え」

〈アカリちゃん・1歳8ヶ月〉
　台の壁面に貼られた紙の前に座って，アカリちゃんが線を描きはじめました。すると，並んで座っていたお母さんが「ちょうだい」の手を出して「ママにも」と言ったので，アカリちゃんは持っていた木炭のうちの1本をお母さんに手渡しました。
　お母さんは「ありがとう」と言って木炭を受け取ると，「ママも描いちゃおう」と言って，大判紙の右側の少し高い位置に，人の顔くらいの大きさの円をぐるぐると描きはじめました。隣にいたアカリちゃんはそれを見て立ち上がり，それからお母さんが描いている辺りに手を伸ばして，お母さんの描いているぐるぐる線を一緒になぞりはじめました。それまでにも度々やっていた，大人の描いた線の上に自分の線を重ねて描いていくやり方です。
　そして，少しのあいだお母さんと一緒に描いてから，アカリちゃんはお母さんから少し離れて，やや左のほうに移動しました。そちらには，まだ紙面に大きな余白があります。アカリちゃんはそこで改めて紙の上に木炭をあて，手を回そうとしました。先ほどお母さんの線をなぞった手の動きを再現しようとしたようでした。
　しかしアカリちゃんは，右手を上から時計回りに降ろした後，上へ戻して一回りさせることができませんでした。アカリちゃんはもどかしそうに紙から手を離して上に振り上げると，勢いよく縦方向にシュッと線を引き，さらに続けて，その隣にもう一つ，上から下にぐいっと長い線を描きました。それから，画面から少し後ろに引いて離れると，トトトッと小刻みに足踏みをしました。私にはそれが，アカリちゃんが一人で円錯線を描こうとしたのにできず，悔しくて地団駄を踏んでいるように見えました。
　アカリちゃんは，その場に背を向けて歩き出しました。そして床に置かれていた遊び道具の一つを拾い上げると，それを持って間仕切り

①お母さんが描いている線をなぞる。

②円状の線の模倣を試みる。

③描けなくて足踏みする。

④別の場所に移動して遊びはじめる。

⑤何か思い出したように戻る。

⑥今度は円の線を描くことに成功した。

⑦お母さんのほうを見て喜ぶ。

写真3-7　円状の線を再現するアカリちゃんの様子
　　　　（アカリちゃん・1歳8ヶ月）

第3章 主張する「え」

台の向こう側へ向かいました。アカリちゃんが手に取った遊び道具は
トイレットペーパーの芯を蜂の巣状に貼り合わせたもので，よく子ど
もたちがクレヨンを中に入れて落としたり，筒をのぞき込んで遊んで
いるものでした。アカリちゃんが離れたところでそれを持って座るの
を見たお母さんは，使っていた木炭を台の上へ片付けると，アカリち
ゃんがいるほうへ移動しました。

　それから二人はその遊び道具にクレヨンや木炭を落として遊びはじ
めたので，しばらくその場所に落ち着くのかと思われたのですが，し
かしアカリちゃんは間もなく何か思い出したように立ち上がり，ちょ
こちょことした足取りで台に貼られた大判紙の前に戻ってきました。
そして，大判紙の中の先ほど線を描こうとした辺りに木炭をあてまし
た。

　アカリちゃんは木炭を持った右手を時計回りに動かしました。する
と今度はぐるりと回し切ることに成功し，さっきは描くことができな
かった円状の線が目の前に残りました。アカリちゃんは「オッ！」と
大きな声を上げ，満面の笑みを浮かべてあちらにいるお母さんのほう
を見ました。それからまた興奮気味に左右の足をトトトッと踏んで見
せました。

　このエピソードは，アカリちゃんがわずか数分のあいだに「あること」
を成し遂げた過程の一連の様子です（写真3-7①～⑦）。「あること」とは，
アカリちゃんがお母さんの描いた図を覚えていて自分の力で再現してみせ
た，そのことです。

　実はその時，アカリちゃんのお母さんがいた位置からは，アカリちゃん
が何をしたのか（何を描いたのか）見えていなかったはずなのですが，お母
さんは自分のほうを見て満面の笑みで喜びを伝えるアカリちゃん（写真
3-8）に気づいて，笑顔で手を叩いてあげたようでした。

写真3-8 お母さんに向かって笑顔と身振りで喜びを表す（アカリちゃん・1歳8ヶ月）

　アカリちゃんがそれまで円錯線を描くところは活動の中で確認されていなかったので、もしかするとこの時はじめて円状の線を描くことに成功し、そのことを喜んでいたのかもしれません。しかしこの時のアカリちゃんの喜びは、ただ「ぐるぐる線を描けるようになった」というそれだけのことではなかったはずでした。

　その最初の鍵は、アカリちゃんが、当初はお母さんと一緒にぐるぐると線をなぞって描いていた状態から、自分から場所を移り、同じような線を一人で描こうと試みたところにあります。そのときアカリちゃんには、お母さんと一緒に描きながら、「これを自分一人で描きたい」という明確な意思が芽生えたのではないでしょうか。だからこそ、物理的に離れた位置に自分の足場を移したのでしょう。

　しかしアカリちゃんは、一度ぎこちない手の動きで円状の線を描くのに失敗した後、いったんその場を離れていきます。それから再び戻ってきて、改めて描くことに成功しました。それができたのは、アカリちゃんが手を回す体の動きとともに、「お母さんが描いた円状の線」を一つの「図」と

して覚えていたからでしょう。そしてその「図」を一人の主体である「わたし」として再現したアカリちゃんの過程は，先ほどまで一緒に線を描いていた「あなた（お母さん）」を，自分とは異なる「描く主体」として明確に認識する過程でもあっただろうと思うのです。

6　主張する姿から

　第5節のエピソードで，はじめにアカリちゃんがお母さんと並んで一緒に線を描いていた時点では，二人は体を重ね合わせるように接近していたので，その場面のアカリちゃんの気持ちを推察するに，どこか一緒にいるお母さんを「自分の一部」であるように感じていたのではないかと思います。しかし繰り返しになりますが，場所を変えて，時間をずらしてお母さんと同様の所作を再現し，さらにその喜びを伝えるということは，先ほど自分と一緒に行動していたお母さんを「自分とは別の人」だと認識したからできたことでしょう。そしてアカリちゃんがその認識に至ったのは，まず「一人で描きたい」という明確な主体の立ち上がりがあって，それを実際に行動に移したからではなかったでしょうか。

　つまり，お母さんを「自分とは別の人だ」と認識したから一人で描いたのではなく，「自分でやりたい」という強い意思にもとづいて行動した結果，「描く」という作業において「自分の一部のようだったお母さん」がはっきりと「自分とは別の人」になったのだろうということです。

　私がこの順序を重要だと感じるのは，そのプロセスに「自分の意思を根拠として行動する」ということの基本的なみちすじがあるからであり，また，「あなた」と重なり合いつつも次第に自分独自の主体を立ち上がらせていくという経過そのものに，「いつも一緒にいるあなた」への信頼を基礎とする，子どもの主体性の発揮を見ることができるからです。

　他者への信頼を基礎とする自己の育ちのあり方については，エリクソン

(Erikson, E. H.) のライフサイクル理論における初期の発達プロセスがよく知られています。エリクソンは，子どもが生後1年目に養育者との密接な関係の中で「基本的信頼 (basic trust)」の感覚を確立し，さらに2〜3年目頃に「自律 (autonomy)」の感覚を獲得する段階に進んでいくことを説明しました。その段階の子どもは，まさしく養育者と精神的に一体化していた状態から一歩踏み出し，自分の足で歩き，自分の手で物事を成し遂げるべく行動するようになります。本章で見てきた一連のアカリちゃんのエピソードは，その姿を身をもって示してくれるものでした。

　子どもの主体とは，初めからはっきりとしたかたちがあるわけではなく，また行動の形式を与えられることによって成り立つものでもありません。自分自身の内に湧き起こる思いを表し，行動に移す機会を得ながら，その体験を根拠として，次第に「わたし」という意識を明確に浮かび上がらせていくのです。そしてその過程において，子どもたちは他者を排除しようとするのではなく，自分を認めてもらうことを求めます。

　たとえば，第1節と第2節のエピソードにおいてユウタ君とペットボトルの取り合いをしたアカリちゃんは，もちろんペットボトルを取られたことも悔しかったはずですが，もう一つ，「ユウタ君に取られた挙句にそっぽを向かれた」ということが悲しかったのではないか，と私は感じました。なぜなら，ユウタ君が戻ってきて，ユウタ君のお母さんが代わりに謝ってくれたことで，すっと泣き止んだからです。そして，もしそうであるとするならば，アカリちゃんの主張とは，単に物の所有のみを求めるものではなく，自分と取り合いをしたユウタ君，すなわち「人」を求めるものでも

---

(3) E. H. エリクソン (Erik Homburger Erikson, 1902-1994) はアイデンティティ概念の提唱者として知られる発達心理学者であり，精神分析家です。人間の生涯発達に関する研究を行い，独自のライフサイクル・モデルを確立しました。

(4) エリクソン，E. H. (西平直・中島由恵訳)『アイデンティティとライフサイクル』(誠信書房，2011年)「第二論文 健康なパーソナリティの成長と危機」を参照。

あったはずなのです。

　そのように，自分を押し通しつつも他者とのつながりを強く求める成長の途上において，「え」を描く活動は，子どもたちがその人生において一人の「わたし」として主体性を発揮しながら，その喜びを周囲の人々と共有する手段の一つになります。その過程で，描くことの手応えや線そのものの視覚的な魅力が，「あなた」と一体化した描き方から子どもたちを単独の作業へと一人立ちさせ，新しい意味を含む表現へと導きます。次の第4章では，子どもたちが「え」を構成しはじめる様子を見ていきましょう。

第4章

ぐるぐる線から構成へ

円錯画を描いてから振り向く（ユウカちゃん・1歳7ヶ月）

子どもたちは1歳半ば頃から，それまで紙の上で左右上下に動かしていた手をぐるぐると回して円錯画を描きはじめます。

　円錯画には，一方向に流れる線や往復線とは異なる特徴があります。腕を大きく回すときに生まれる独特の「リズム」と，一周した線が面を囲むことによって現れる「形」です。画面の中に現れた丸い形は，やがて形と形とを組み合わせていく構成へと子どもたちを導きます。

　それでは，子どもたちはなぜ1歳半ばのこの時期に円錯画を描きはじめるのでしょうか。第4章では，円錯画を描く場面と，線の構成をはじめる場面を拾い上げながら，この時期の子どもたちが積極的に円錯画を描くことの意味について考えます。

1 まわせ，まわせ——活動力を発揮する

　手をぐるぐる回して円錯画を描く過程は，子どもたちが白い紙を前にして自分の「描く力」を存分に発揮しはじめる過程でもあります。ここではまず，初めてやってきた日におそるおそる線を描きはじめていたヒロト君が，その２週間後にすっかり活動の場に慣れて自由にふるまいながら，ふいに円錯画を描いた場面を見ていきます。

〈ヒロト君・１歳５ヶ月〉
　その日，私がカメラを構えて遊んでいる子どもたちの様子を撮影していると，ヒロト君が部屋の隅にトコトコと歩いていくのが目に入りました。部屋の隅にはビデオカメラの三脚をのせた長机が置いてあり，その机の下に子どもたちが潜り込んでしまわないように目隠し用の保育用マットが立てかけてありました。ヒロト君が向かったのはその辺りです。
　「もしかして」と思ったそのとき，ヒロト君は，立てかけてあったマットに向かって線を描きはじめました。そのマットが間借りしている部屋の備品だったため，私は急いでかけ寄って，ヒロト君の手を制止しながら抱き上げました。気づいたヒロト君のお母さんも，慌てて近寄ってきました。
　幸いヒロト君がマットに描いたのが少しだけだったこともあり，私はお母さんに「大丈夫ですよ」と言って，ヒロト君を抱き上げたまま，その場を離れて壁に貼られた大判紙の前に向かいました。紙を前にすれば，そちらで描いてくれるだろうと思ったからです。ヒロト君は何ごとかわからぬ顔をして，なすがままに私の腕の中で揺られていました。
　私は「ここで描こう」と言って，壁の前でヒロト君を降ろしました。

写真4-1　壁に向かって円錯画を描く
（ヒロト君・1歳5ヶ月）

しかしヒロト君は私に連れていかれた紙の前ではなく，別のところに貼ってある壁面の大判紙を指さして歩き出しました。「ボクは描く場所を自分で決めたいんだ」といったところでしょうか。そしてそちらの紙の前に立つと，立ったまま上から下へ向かって，長い線を繰り返し描きはじめました。力強い線が，次々と紙の上に連なっていきます。

　それから，ヒロト君はお母さんのほうを振り返りました。子どもたちが壁に向かって描くときによく見せる仕草です。それから，ヒロト君は再び壁に向き直ると，今度はぐるぐると円錯画を描きました（写真4-1）。自分の顔よりも大きな円錯画です。

第4章　ぐるぐる線から構成へ

　その思いがけない展開に私は驚き，「すごい！」と声を上げてお母さんを見たのですが，一方のお母さんはヒロト君を見ながら微笑んでうなずいておられ，もうヒロト君が円錯画を描けることをよくわかっておられたようでした。そしてヒロト君は，その場でぐるぐると線を描き終えると，またトコトコとその場所を離れていきました。

　このエピソードの中でヒロト君が円錯画を描いたとき，実はお母さんとヒロト君のあいだで，あるやりとりが交わされていました。ヒロト君のお母さんは，ジーンズの似合うちょっとスポーティーな雰囲気の方で，ヒロト君がお母さんのほうを振り返ったときに，まるで野球の監督がランナーに「まわれ，まわれ」とサインを送るような身振りで，腕を肩から大きくぐるぐる回していたのでした。一方のヒロト君は，そのお母さんの姿を数秒間じっと見て，それから再び紙のほうに向き直り，クレヨンを持つ手をぐるぐると回して線を描いたのでした。お母さんの「まわせ，まわせ」という身振りを見てから，自分で同じように再現したのです。その様子がちょうど背後にあった固定カメラに映っており，私はその映像を見て，この時二人が交わしていたやりとりを知ることになりました。

　そしてヒロト君が円錯画を描いたその場には，ヒロト君の活動力の静かな高まりがありました。まず，マットに線を描こうとしていたヒロト君の行為は，それを許容できるかどうかは別として，周囲の物に対して自分なりにアクションを起こしたいという子どもらしい気持ちの現れです。さらにその後，私に連れられていった場所から自分で移動したのは，「自分で遊ぶ場所を自分で決めたい」という思いにもとづく行動でもあったのでしょう。それに対して，わが子に向かって手を回して見せるお母さんの身振りは，そういうヒロト君の状態にぴったりの，活動力を発揮させる励ましであるように見えました。

2　回転させたい──気持ちに従って体を動かす

あらゆるものを自分の目で見て，自分で決めて行動したいという気持ちがだんだん強くなってくる1歳半ばの時期に，子どもたちは好んで「ぐるぐる線（円錯画）」を描きはじめます。

子どもたちはぐるぐる線を，壁に貼られている紙に向かって描き（写真4-2），床に貼られた紙にしゃがみ込んで描き（写真4-3），さらには自分も床に寝そべって描いたりします（写真4-4）。また，机上の紙に描いたり，アンケートボードサイズの小さな紙にもぐるぐると線を描きます（写真4-5）。描く環境や使う材料によって姿勢と描き方を変えながら，何度でも手をぐるぐると回して線を描くのです。

この頃の子どもたちが描く線は「なぐり描き」あるいは「スクリブル（Scribble）」と呼ばれ，一般に「明確な目的のない走りがき」であると考えられています。初期の円錯画も通常はその「なぐり描き」の一環として捉えられるのですが，しかし，子どもたちが描く円錯画がまだ何かの図としての完成に至らない線であるとしても，「ぐるぐると手を回転させながら描く」という行為は，単に勢いに任せた走り描きではなく，むしろ回転する方向に向けて規則的に手を動かしたいというより明確な意思にもとづく線描きであって，そこでは一つの目的が子どもの中にしっかりと立ち上がっているように思われます。

それでは，なぜ子どもは「ぐるぐると手を動かしたい」のでしょうか。子どもの造形活動に強い関心を寄せたグレツィンゲル（Grözinger, W.）は「子どもの手には，回転したいという感情がある」と述べました[1]。なるほど，たしかに子どもがぐるぐると手を回転させて線を描くのは，単に「描く」という目的のために手を動かしているというよりも，「手を何度も回

---

[1] グレツィンゲル，W.（鬼丸吉弘訳）『なぐり描きの発達過程』（黎明書房，2000年）（原著の刊行は1961年）を参照。

郵便はがき

料金受取人払郵便

山科局承認

1242

差出有効期間
平成29年7月
20日まで

6078790

（受　取　人）
京都市山科区
　　　日ノ岡堤谷町1番地

　　　ミネルヴァ書房
　　　読者アンケート係 行

||ı.ıl|ı..ıl|ı.|ıı|ı.ıll|ı..ı.|ı|ı|ı|ı|ı|ı|ı|ı|ı|ı|ı||ıl|

◆ 以下のアンケートにお答え下さい。

お求めの
　書店名＿＿＿＿＿＿＿＿＿市区町村＿＿＿＿＿＿＿＿＿＿＿＿書店

＊ この本をどのようにしてお知りになりましたか？　以下の中から選び、3つまで○をお付け下さい。

　　A.広告（　　　　　）を見て　B.店頭で見て　C.知人・友人の薦め
　　D.著者ファン　　　E.図書館で借りて　　　F.教科書として
　　G.ミネルヴァ書房図書目録　　　　　　H.ミネルヴァ通信
　　I.書評（　　　　　）をみて　J.講演会など　K.テレビ・ラジオ
　　L.出版ダイジェスト　M.これから出る本　N.他の本を読んで
　　O.DM　P.ホームページ（　　　　　　　　　　　　　）をみて
　　Q.書店の案内で　R.その他（　　　　　　　　　　　　　）

書名 お買上の本のタイトルをご記入下さい。

◆上記の本に関するご感想、またはご意見・ご希望などをお書き下さい。
　文章を採用させていただいた方には図書カードを贈呈いたします。

◆よく読む分野（ご専門）について、3つまで○をお付け下さい。
　1. 哲学・思想　　2. 世界史　　3. 日本史　　4. 政治・法律
　5. 経済　　6. 経営　　7. 心理　　8. 教育　　9. 保育　　10. 社会福祉
　11. 社会　　12. 自然科学　　13. 文学・言語　　14. 評論・評伝
　15. 児童書　　16. 資格・実用　　17. その他（　　　　　　　　）

〒
ご住所

　　　　　　　　　　　　　　　　　　　Tel　　　(　　)

ふりがな　　　　　　　　　　　　　　　年齢　　　性別
お名前　　　　　　　　　　　　　　　　　　歳　男・女

ご職業・学校名
（所属・専門）

Eメール

ミネルヴァ書房ホームページ　　http://www.minervashobo.co.jp/
＊新刊案内（DM）不要の方は × を付けて下さい。　□

第4章　ぐるぐる線から構成へ

写真4-2　壁面に円錯画を描く（アカリちゃん・1歳8ヶ月）

写真4-3　しゃがんで円錯画を描く（ヒロト君・1歳5ヶ月）

写真4-4　寝そべって円錯画を描く（ハナちゃん・1歳9ヶ月）

写真4-5　ボールペンで小さな紙に円錯画を描く（ヒロト君・1歳9ヶ月）

転させたい」という気持ちが先にあるからかもしれません。

　そして手を上下や前後，左右の方向に手を振って描く往復線とは異なる円錯画の特徴は，手をぐるぐると繰り返し回転することによって生じる「ぐる・ぐる・ぐる」というリズムです。そのリズムには独特の心地よさと楽しさがあるので，その感覚に惹きつけられて思わず繰り返しているところもありそうです。

　回転するリズムといえば，ヒロト君が1歳8ヶ月のときに，面白い出来事がありました。描画の場面ではありませんが，その短いエピソードを見ておきたいと思います。

〈ヒロト君・1歳8ヶ月〉

　その日の活動が終盤にさしかかり，お母さんたちはめいめいに雑談し，子どもたちはその日たまたま室内にあったドーナツ型のマットを転がして遊んだりして，好き好きに過ごしていたときのことです。

　床の上に，描画用の木炭を入れていたお菓子の缶が空になって置かれていました。そこへヒロト君が歩いてきて，缶を拾い上げました。ヒロト君は四角い缶の両端を両手でつかむと，おもむろに大きく振りかぶりました。それから，ラジオ体操の「体を回す運動」のような動きで，缶をぐるぐると体の周りで回しました。楽しそうに，ニコニコと満面の笑みを浮かべています（写真4-6）。

　その後，ヒロト君はその缶をなぜか頭にのせて歩き出し，その際に少しふらついて，缶を床に落としてしまいました。「ガシャン」という大きな音が響き，すぐ近くにいたハナちゃんとハナちゃんのお母さんがびっくりしています。ヒロト君はしゃがんで缶を拾って抱え込み，困惑した表情でハナちゃんたちのほうを見ました。どうやら，みんなをびっくりさせたことにヒロト君のほうがびっくりしてしまったようです。

　このエピソードで，缶を拾い上げて振り回し出すヒロト君の動きはとても自然で，まったくためらう様子がなかったので，想像するに，おそらくこの当時のヒロト君は，こういった動きをよくしていたのではないかと思います。

　そして缶を拾い上げた際には，それで何をしようというはっきりとした目的はなかったのでしょう。缶を振り回した後，今度はそれをかぶって気ままに歩き出したところなどをみると，「ただそうしたい」という気持ちに従って動いていたと考えてよさそうです。そのうえで，「ただそうしたい」というそれだけのことがあれほどニコニコと嬉しそうに表現されたの

第4章　ぐるぐる線から構成へ

写真4-6　楽しそうな表情で缶を振り回す（ヒロト君・1歳8ヶ月）

は，自分の気持ちに従って体を動かすというそのことが，その場のヒロト君にとって，ただただ「いま，ここ」を体いっぱいに生きている喜びだったからではないでしょうか。そしてその喜びの瞬間があったからこそ，その後で缶を落としてハナちゃんとお母さんを驚かせてしまったことに強く戸惑ったのだと思います。

　この喜びは，子どもがぐるぐると手を動かして円錯画を描くことにも通ずるところがあるように思います。手を回せるようになった子どもが皆一様にぐるぐると手を回して線を描くのは，手を回して描くことそのものが，その場を生きる喜びを味わわせてくれるからではないでしょうか。

　そのうえで，これはことばの表現上の問題でもありますが，子どもが円錯画を描く場面を「なぐり描きをしている」と思って見るのと，そのように「手の気持ちに従って描いている」と思って見るのとでは，認識がいくぶん変わってくるところがあるように思います。何が変わるかというと，描く場面での子どもの主体性に対するまなざしです。

　子どもがでたらめにやっているわけではなく，自分の気持ちに従って手を動かしているのだと思って描画場面に目を向けると，目の前の子どもの気持ちがくっきりと浮き上がって感じられてきます。また，「描くことが楽しいのだな」と感じられればこそ励ましたくもなり，さらにその気持ち

73

が子どもに伝わると，子どももなお描くことが楽しくなる，ということも起こるはずです。

3　形の発見──形を描いて主張する

　ぐるりと一周した手がもとの位置に戻り，その流れにのって手をさらに回し続けると，回転する線が重なり合って塊になっていきます。その間，子どもたちは手のリズムを感じると同時に，ぐるぐるとした線の中心に自分の視線を集中させます。それは，描く手応えを味わう過程であると同時に，その作業の産物である「回転する線」をしばし見つめて味わう過程でもあります。

　そしてその線の塊の中には，縦や横や斜めの線にはなかった「ある要素」が次第にはっきりと現れてきます。その要素とは「形」です。

　子どもたちが円錯画を描きながら丸い形を認識すると，手を回す快さを味わうこととはまた違う，「形を描く」ということへの意識が生まれます。そしてその作業の中では，形を描いていることを主張するようなふるまいがよく見られます。ここでは，1歳7ヶ月のユウカちゃんが円錯画を描いた場面のエピソードでそれを確認しておきましょう。

　〈ユウカちゃん・1歳7ヶ月〉
　　ユウカちゃんはその日やってきてすぐ，壁面に貼られた紙の前に立って線を描きはじめました。ユウカちゃんは当初，顔よりも下の位置に小さな円錯画を描いていたのですが，やがて右手を上に向けて伸び上がり，手を時計回りに回しながら，自分の体の幅より大きな円錯画を描くようになりました。ユウカちゃんの後ろにいたお母さんがそれに気づいて，「まーる，そうそう，まーる」と声をかけると，ユウカちゃんはお母さんに近寄ってニコニコ笑い，嬉しそうです。

その後，数組の親子がその場所に集まってやや混雑したのですが，ユウカちゃんはそのまま同じところで線を描き続け，少し描いては度々お母さんのほうを振り向きました。そのうち，お母さんが他のお母さんと雑談をはじめたので，ユウカちゃんは再び大きく手を回して円錯画を描くと，少し後ろに下がって，「アー！」と高い声で叫びました。どうやら「描いたぞ」という意思表示のようです。それに気づいたお母さんが，「あーあ，すごいねえ」と大きな声で褒めてあげると，ユウカちゃんは足元に置かれた箱からほかのクレヨンを取り出して，またぐるぐると円錯画を描きました。それから，会話を続けるお母さんたちのほうをチラチラと振り返り，音を立ててクレヨンで紙を叩いたりしました。お母さんたちの反応を求めているようです。

　しばらくして，私がカメラを持ってユウカちゃんたちがいる場所に近づくと，ユウカちゃんは手を止めてこちらを見ました。そのとき，お母さんは私が撮影しやすいようにと気遣ってくださったのか，ユウカちゃんに「おっきいまる描いてごらん」と言いました。そこでユウカちゃんは先ほどよりもゆっくりと手を回してぐるりと円錯画を描いたのですが，いざ期待の目を向けられると落ち着かないのか，間もなくその手を止めてしまいました。

　その後，私とお母さんが二人で話しはじめると，ユウカちゃんはまた紙に向かって手を回しはじめました。しかしそれは何かを描くというより，「手を回してみせている」というどこか形式的な動作のようでした。そしてユウカちゃんは，またちらりと大人たちのほうを見ました。描いているのに反応はないのかな？　とでも言いたげな様子です。

　そしてもう一度紙に向かうと，今度はしっかりと線を残して手を回しはじめました。それに私が気づいて「あ，すごいすごい，きれいねえ」と声をかけると，ユウカちゃんはまたちらりと振り向いて，さら

写真4-7　円錯画を描いてから中を塗りつぶす（ユウカちゃん・1歳7ヶ月）

にぐるぐると描き続けました。そこでお母さんも「ね，きれいだね」と語りかけるように言ってくださったので，ユウカちゃんはそのことばに後押しされたのか，再びぐるぐると線を描き続けました。

　ユウカちゃんが手を回し続けた辺りには大きな円錯線が重なり合って輪っかのように浮かび上がりました。そしてその輪っかの中にユウカちゃんが斜めの往復線を描き出したので，それに気づいたお母さんが「あ，色塗ってるの？」と声をかけ，ユウカちゃんはそのままごしごしと輪っかの中に線を描き足していきました（写真4-7）。

　このエピソードの場面で，ユウカちゃんは描きながら大人たちの注目を

自分に向けようとする一方，描くことを促されると，その勢いがややトーンダウンしたようにも見えました。促されてやるのは今ひとつ気乗りがしないのか，あるいはちょっと恥ずかしかったのかもしれません。

しかし，大人たちの注目が自分から少し逸れたことがわかると，ユウカちゃんはまた自分から手を動かしはじめました。すると，今度は声をかけられても自然に描き進めていける様子になって，線を描くユウカちゃんの手の動きとそれを励ますお母さんの声とが，描かれる線の中で調和していくように思われました。この場面で，おそらくユウカちゃんにとっては，「自分から描きはじめる」ということが大切だったのではないでしょうか。

また，ユウカちゃんは描きながら自分の手の先で生まれた円状の形をはっきり認識したようで，浮かび上がった円状の形の中を塗りつぶすような線も描きました。ここでも，ユウカちゃんは円状の形を自分で見つけて，自分から色塗りを試みたわけです。もともと円錯画を描いたことを自分から主張したかったユウカちゃんにとって，この場面では「自分で見つけてその先に進む」ということが何より面白かったのだと思います。

4　ぐるぐるを並べたい──円錯画を構成する

子どもたちが描いた線の中に形を見つけると，気持ちのままに描いていたそれまでの作業に新たな展開が生まれます。形を強く意識するようになり，それを自分なりの構成で配置しようとするのです。本章の最後に，ハナちゃんが1歳8ヶ月のときのエピソードを見てみましょう。

〈ハナちゃん・1歳8ヶ月〉
　　ハナちゃんが，床に貼られた紙の上にぺたりと座って線を描いていました。そこへハル君（1歳8ヶ月）がやってきました。ハナちゃんの向かい側にはちょうどハル君のお母さんが座っていて，ハル君はそこ

写真4-8 円錯画を横に並べて描くハナちゃんと、向かい合って紙に指をあてて回すハル君（ともに1歳8ヶ月）

に戻って来たのですが、座ると同時に、自分が持っていた小さな紙箱を紙の上に置いて、すーっとすべらせながらハナちゃんのほうへ差し出しました。紙の中には木炭が1本入っています。

　それを見たハナちゃんは、足を投げ出して座ったまま、前方に体を倒して箱に左手を伸ばしました。そして箱の中から木炭を取り出しながら、顔を上げてハル君を見ました。「取っていいの？」と確かめているようです。ハル君もハナちゃんを見ていますが、うなずきながら体を揺らしているので、それは「ハナちゃんにあげたよ」ということのようです。

　ハナちゃんは、姿勢を戻して木炭を右手に持ちかえると、それを「グー」の手で握って、ぐるぐるぐる、と内向きに回転する円錯画を描きました。そして描く手をちょうど丸一つ分横にずらして、そこにもぐるぐると円錯画を描きました。そうするうちに、ハナちゃんの前には、その前に描いていた円錯画と合わせて四つほどの円錯画が横並びになりました。

そしてハナちゃんが円錯画を描いているあいだ，一方のハル君はといえば，ハナちゃんを見ながら人差し指を紙に当ててぐるぐると回転させていました。どうやらハル君は，ハナちゃんと一緒にぐるぐると手を回す動きを楽しんでいたようです（写真4-8）。

　このエピソードで，ハル君は自分では線を描かず，木炭をあげたハナちゃんのほうを見ながら手だけを動かしていました。ハル君の右隣にはハル君のお母さんがいて，ちょうどお母さんもクレヨンでぐるぐると円を描きなぞっていたところだったので，その手の動きもハル君の視界に入っていたのかもしれません。ハル君は，紙の上でぐるぐると手を回すハナちゃんとお母さんの動きに，自分の体の動きを同調させているように見えました。おそらくそうやって手を動かすことそのものが面白かったのだと思います。

　そして一方のハナちゃんは，円錯画を描いたこの場面で，ただ手を回すことだけを楽しんでいるわけではないようでした。なぜかというと，ハナちゃんはそれぞれの円錯画の形を一つひとつ完成させながら手を動かしていて，なおかつ円錯画が横に連なっていくという目の前の現象をはっきり認識しながら描いているようだったからです。つまり配置するという意図がこの時のハナちゃんにはあったはずなのです。

　その場面には，一つの円錯画を描く場合とはまた異なる，ハナちゃんの主体性の高まりがあったように思われました。運動的に手を動かしていたそれまでの描き方から一歩進んで，ハナちゃんがやっていたのは「円錯画で紙面を構成する」という，より知的な判断を伴う描画作業だったからです。

5　円錯画を描く姿から

　線が描かれる前の白い紙は、ただ「水平方向に向けて開いている平面状の物体」です。その上で子どものクレヨンを持つ手がぐるぐると回転しながら線を描くとき、線は平面の一部をくっきりと囲い込みます。そうすると、子どもの目は線を「平面を包み込むもの」として認識し、そこに「形」を見出します。その形ははじめ、多くの場合が「まる」なのです。

　私たちは日常生活の中で円状の形をたくさん目にしており、たとえば太陽、月、丸いお皿、車のタイヤ、テープ類、道路標識など、はっきりとした丸い形に日頃から親しんでいます。だから、目の前で描かれる円錯画がたとえきれいな円形でなかったとしても、その中から容易に「まるの形」を抽出して認識します。芸術作品の知覚研究で知られるアルンハイム（Arnheim, R.）によれば、それは「円状の形」という「視覚的な概念」が私たちの中にあるからです。

　円状の形は、子どもの「え」が言語上の意味を伴っていわゆる「絵」に発展していく中で、あらゆる象徴的な役割を担う重要な記号になります。記号は構成され、「まる」がそのままお母さんになったりお父さんになったり、丸の中に目や鼻や口が描き加えられて具体的な顔の描写に発展したりします。

　ただし、視覚的な概念である「形」と、言語上の意味とがつながるようになってからも、子どもたちにとってまず大切なことは、「何を描くか」という目的以上に、自分自身の内から湧き起こる活動力にもとづいて描きはじめるという原初的な体験です。自分の気持ちに従って描くことによっ

---

(2)　アルンハイム，R.（波多野完治・関計夫訳）『美術と視覚——美と創造の心理学　上』（美術出版社，1963年）を参照。
(3)　アルンハイム，R.（関計夫訳）『視覚的思考——創造心理の世界』（美術出版社，1974年）を参照。

てはじめて，「描く」という営みが子どもたち自身の表現手段になり得るからです。

　本章のエピソードの子どもたちが円錯画を描きはじめる姿は，何を描こうという目的もなく，ただ面白がって手をぐるぐると動かして描く「え」のプロセスが，身体の動きと気持ち，それから新しい認識をつないでいく可能性があること，また，やがてより具体的なかたちで，子どもたちが主体としての自分自身を表現するプロセスにもなり得ることを教えてくれました。

　この主体の立ち上がりを念頭に置きつつ，次の第5章では，いよいよ子どもたちが描きながらことばを発し，描画を通してイメージを語りはじめる最初の段階を見ていくことにします。

第5章

「わたしたち」から物語をはじめる

中央の楕円を描いて「しんかんせん」、それを取り囲む線を描いて「へび」とお母さんに伝えた(ユウセイくん・2歳1ヶ月)

1歳後半に入り，「感じ考えるわたし」の輪郭が次第にはっきりしてくると，子どもたちは自分の気持ちとことばを対応させるようになります。他者との意味共有を可能にすることばは，同時に，子どもたち自身がことばの意味やイメージと自分の内にあるものを重ね合わせながら表現することを助けます。

　それでは，子どもたちの口から発せられることばは，子どもたちの描画をどのように変容させていくのでしょうか。第5章では，子どもたちが感じていることを伝え合う「あなた」との関係性の中で，ことばを使って自分を主張し，思い描いたイメージを語りはじめる姿を拾い上げながら，そのプロセスの意味を考えます。

第5章 「わたしたち」から物語をはじめる

1 「わたし」の思い──気持ちがことばになる

　周囲の人々とやりとりする中で発せられる子どもたちの「ことば」は，意味の形式として整う以前に，しばしば自分の思いを表明するための手段として用いられます。これを確認するために，本章ではまず，子どもたちが描画の周辺でことばを発する場面を見ていきます。

　第1章と第2章のエピソードに，1歳3ヶ月のハナちゃんがおっとりとした調子でお母さんとやりとりをしながら線を描く場面がありましたが，そのハナちゃんが1歳9ヶ月になったとき，以前のおとなしい姿とはうって変わって怒りの感情を露わにして周囲を驚かせたことがありました。次のエピソードは，その一場面です。

〈ハナちゃん・1歳9ヶ月〉

　ハナちゃんはお母さんの手を引きながら，部屋の隅に置かれているアップライトピアノのほうへ向かって歩いていました。11月のその日，部屋には数日前に行われたイベントの装飾の風船が取りつけてあって，ハナちゃんの目的はピアノの上にあるその風船のようでした。

　ハナちゃんは風船を指さしました。私はお母さんと一緒にピアノの上を見上げてハナちゃんの目的に気づき，それから「時間が経ってるから割れちゃうかもしれないけど，取っていいですよ」とお母さんにお伝えしました。もう役目を終えた風船なので，割れてしまっても構わないだろうと思ったのです。

　ハナちゃんのお母さんはピアノの上に手を伸ばして風船を取り，ハナちゃんに持たせてあげました。ハナちゃんは風船を受け取ると，それを高く放り投げてゆっくりと落としたり，拾い上げて結び目の部分をつかみ，ブンブンと振り回したりしました。

　その時，近くで座って遊んでいたアカリちゃん（1歳10ヶ月）が立ち

上がりました。ハナちゃんの風船に興味を示したようです。アカリちゃんはしきりにお母さんの手を引っ張りました。そこで，ハナちゃんのお母さんはアカリちゃんの分も取ってあげようと考えたようで，飾ってあるもう一つの風船に手をかけてそれを取り外そうとしました。すると，「バン！」という大きな音とともに，風船が割れました。周囲の大人たちが一勢に「うわあ！」と声を上げました。

　私はとっさに，「風船を渡してしまったのはまずかったな」と思いました。風船で遊んでいるのを見たらほかの子どもたちが欲しくなるのは当然だし，ハナちゃんが持っている風船もきっとすぐに割れてしまうだろうとわかったからです。そこで，ハナちゃんに申し訳ないと思いつつも風船を返してもらうことにしました。抵抗されるかもしれないという予測もありましたが，しかし怖い音を聞いた直後だし，ほかの遊びをはじめたら忘れてくれるだろうという楽観的な考えのほうが上回ったのです。私がハナちゃんに「やっぱやめとこう，バンってなるよ」と言って風船をもらうと，ハナちゃんは表情を変えずに風船を手渡し，それがピアノの上に戻されるのをじっと見ていました。

　その場はこれで一件落着したかのようで，アカリちゃんはすぐにもとの場所へ戻って遊びはじめました。しかし，実は一度風船を手にしたハナちゃんの気持ちはそう簡単ではありませんでした。

　お母さんがほかの場所へハナちゃんを誘って移動しようとすると，ハナちゃんは立ち止まってピアノの上を振り返りました。それからお母さんのほうを向き，口をぎゅっとへの字に結んで，両手を体の脇でぐっと振り下ろしました。これまでに見たことがない表情と身振りですが，どうやら怒っているようです。そして，ゆっくり足踏みをしながらあちこちを指さして，高い声でことばにならないことばを発しました。

　お母さんが床に敷いてある大判紙の上に置かれたクレヨンの箱を指

さして，これで遊ぼうよ，とハナちゃんを誘うものの，ハナちゃんはそれどころではありません。ハナちゃんは着ていたスモックの裾を両手でつかんで体の前に寄せると，さらに抑揚をつけた声をお母さんに向けて発しました。まさしく「ことばにならない怒り」です。お母さんは，これは聞くしかないというふうに，うんうん，とうなずいてハナちゃんを見ています。私も「ああ，悪いことしちゃった」と申し訳なく感じつつ，そんなハナちゃんの様子を見守っていました。

　やがてハナちゃんは大判紙の上に置かれていたクレヨンの箱を手に取ると，それを持ち上げてひっくり返しました。クレヨンが，バラバラと大きな音をたてて紙の上に散らばりました。思いがけないハナちゃんのその大胆な行動に，私は驚いてハナちゃんのお母さんと顔を見合わせました。

　それからハナちゃんは，クレヨンを拾い上げては，「ポーイ！」と言いながら，紙の上に投げつけはじめました。ハナちゃんの「ポーイ！」は，次第に声に強い力がこもり，「ポ」の音が長くなって，怒りの余韻すら感じさせました。その表現にはまったくためらいがなく，まるで世界のすべてにたった一人で戦いを挑んでいるかのような勢いです。

　その傍らで，ハナちゃんのお母さんは「最近ずっとこういう感じで」とため息まじりに話しておられて，ハナちゃんのそのような態度に慣れていたようです。お母さんは憤るハナちゃんの側にいながら，ハナちゃんの怒りが収まるまで繰り返される「ポーイ！」に辛抱づよく付き合ってあげていました。

後に私はこのエピソードの前後の様子を映像で確認して，ハナちゃんがこの場面の前にも風船のほうへ歩いていって風船に興味を示していたことを知りました。つまりハナちゃんは，にわかに風船が目に入ったから取っ

てほしいと求めたわけではなく,「ずっと欲しがっていた」ということになります。だからこそその怒りの表現であったと考えれば,そのエネルギーの大きさにもうなずけます。

　自分の望みを汲んでもらえないとわかったとき,ハナちゃんはゆっくり,しかしはっきりと怒りを表現し,私たちをびっくりさせました。そしてその感情を表現するために,ある擬態語を使うようになりました。それが「ポーイ！」です。泣き叫ぶという直接的な表現を選ばなかったのは,「放り投げる」の意味を含む「ポーイ！」ということばとともにアクションを起こすことが,その意味を介して抗議になり得ることがわかっていたからだと思います。

2　「わたしたち」をつなぐことば——ことばでつながる

　ある意味を持つことばがある思いを込めて放たれるとき,そのことばの意味が相手に共有されるのみならず,その時その場で生まれた「思い」が伝達されます。だから,ことばを覚えたばかりの子どもたちはそれを知ると,「え」を描きながら,自分が知りはじめたことばを盛んに口にするようになります。次は,ハナちゃんが1歳10ヶ月のときにお父さんと一緒にやってきて描画遊びをした場面のエピソードです。

〈ハナちゃん・1歳10ヶ月〉
　その日の室内には,白い大判紙とともに黒い大判紙が貼ってありました。明るい色のクレヨンがきれいに見えるようにと使いはじめた紙です。ハナちゃんはその日,お父さんとお母さんと一緒にやって来て,床に貼られたその黒い紙の前に座っていました。いつものように線を描きはじめたハナちゃんの傍らで,お父さんが興味深そうにその手元をのぞき込んでいます(写真5-1)。

第5章 「わたしたち」から物語をはじめる

写真5-1　お父さんの前で往復線を描いてみせる(ハナちゃん・1歳10ヶ月)
　　　　※　渦巻き線はお父さんが描いたもの

　この日のハナちゃんは，お父さんと一緒に活動の場にやって来られたことがとても嬉しい様子で，いつもよりもひときわ明るい顔つきで，「自分のことをたくさん見てもらおう」というやる気に満ち溢れているように見えました。
　そのハナちゃんが，クレヨンを手に取りながら，何か言いました。小さな声で聞こえなかったのですが，お父さんが「ピンクがない？」と言ったので，どうやらハナちゃんはピンクのクレヨンを探しているようでした。
　ハナちゃんは立ち上がって，後ろのほうを指さしました。そちらにはお母さんがいて，間仕切り台の前に立って台の上に並べてあるクレヨンをみつくろっているところでした。そしてお母さんがカップに入れたクレヨンを持ってこちらへ歩いて来ると，ハナちゃんはトコトコと歩いてそのカップを受け取りにいきました。
　クレヨンのカップを手に戻って来たハナちゃんに，「ハナの好きなピンクはどれですか」とお父さんが尋ねました。ハナちゃんはクレヨ

ンのカップを置いてお父さんの隣に座り，指でその中を探りました。そこでハナちゃんが違う色のクレヨンを一つ取り出して見せたところ，お父さんは「えー，そうなの？ それピンク？」と言って笑いました。しかしハナちゃんはかまわずにそのクレヨンでぐいぐいと線を描きました。それから，次にもう一つ黄色いクレヨンを取り出して，今度ははっきりと「キイロ」と言いました。そしてまたぐいぐいと往復線を描きはじめたので，今度はお父さんは「きれいな色だね」とハナちゃんに語りかけました。

　このエピソードの場面で，ハナちゃんは色の名前とクレヨンを対応させながらことばを発しています。それは必ずしも正しく合ってはいなかったのですが，しかし「一つひとつの色に名前がある」という認識をふまえて，「何かの色の名前をお父さんに向かって言う」ということがハナちゃんにとって重要だったのでしょう。それはおそらく「色を選んでいる自分」あるいは「色をわかっている自分」の主張であって，とにかくお父さんと一緒にいてやる気に満ち溢れているハナちゃんにとって，成長した自分を表現する一つの方法でもあったはずです。
　そしてハナちゃんはそのようにことばを発する中で，ことばが目の前の「あなた」と「わたし」とをつなぐ無形の道具であるということを身をもって確かめていたのではないでしょうか。
　まず「わたしはわたし」としてその思いを押し出して一緒にいる「あなた」に伝え，そのうえで「あなた」の側にも主体的な思いがあることに気づいていく。それが子どもたちの内面に「あなたとともにあるわたし＝わたしたち」の世界をつくり上げていく相互主体的な心のありようであると，間主観的な関係性（第2章の第6節を参照）を注視する鯨岡峻は指摘しています。鯨岡によれば，自分の思いありきで築かれる「わたしたち」の関係性とは，たとえばひたすら周囲に合わせる「形式的な協調性」とは異なる，

個人と個人の主体性を互いにわかり合う関係性です。

　そのような関係性を築いていくうえで，子どもたちが獲得したことばは，主体を押し出す「わたし」を「あなた」とつなぐ重要な手段として機能していくことになるでしょう。ハナちゃんが第1節のエピソードで気持ちを表出した場面もそうだったように，ことばははじめに，目の前の「あなた」に向けて発せられるものだからです。

3　「わたしも」話せる──ことばを交わす

　先のエピソードのハナちゃんのように，子どもたちが少しずつことばを話すようになると，描画活動の周辺で意味やイメージ（心象）を共有することばが交わされたり，ことばを発することによって自分を主張する姿が目立ちはじめます。もう一つ，ミヅキちゃんが1歳9ヶ月のときのエピソードを見ておきましょう。

　　〈ミヅキちゃん・1歳9ヶ月〉
　　　部屋の中で，「あめざあざあ」という，歌うような声が聴こえてきました。ミヅキちゃんのお母さんの声です。そのお母さんの隣にミヅキちゃんがいて，ミヅキちゃんはピアノ用の椅子に腰かけながら，壁に貼られた白い大判紙に向かって線を描いていました。
　　　実はミヅキちゃんはその少し前に黒い木炭で黒い紙に線を描きはじめたのですが，見えづらい組み合わせだったためか，その場所を離れてこちらへ移動してきたのでした。そして部屋の隅のピアノの脇に置かれたビロード張りの椅子を見つけて，それを自力で壁の前に持っていこうとしました。しかし自分では運ぶことができず，それを見たお

---
(1)　前出『ひとがひとをわかるということ』第1章「主体という概念を再考する」を参照。

母さんが代わりに運んでくださったのですが，お母さんが椅子を移動するあいだ，ミヅキちゃんは動く椅子へにじり寄って，一刻も早く座りたそうにしていました。

　椅子を置く位置を決め，お母さんがミヅキちゃんを抱き上げて椅子の上に座らせてあげると，ミヅキちゃんは大きい木炭を「グー」の手で握り，紙に向かってその手を振り下ろしながら線を描きはじめました（写真5-2）。それを見て，お母さんが「すごいすごい」と声をかけます。ミヅキちゃんはそのお母さんの反応が嬉しいようで，一つ描いてはお母さんのほうを向き，同時に何か「ことばらしき声」を発していました。

　その二人の様子を，私はちょうど後方からビデオカメラと一眼レフカメラの両方で撮影していました。するとミヅキちゃんがこちらを振り向き，続いてお母さんもこちらを振り向かれたので，私はその状況の説明のつもりで「今日はいつも撮影を手伝ってくれているＳさんがいなくて，一人でカメラをいっぺんに操作しているんです」と，そんな話をしました。その間，ミヅキちゃんはお母さんと一緒にこちらをじっと見ていたのですが，お母さんが私の説明を聞いて「あはは」と笑ったその次の瞬間，ふいにこちらのほうを指さして「ミドリ」と言いました（写真5-3）。

　ミヅキちゃんが指さした「ミドリ」とは，部屋の窓のあたりに飾られていたクリスマスの装飾の一部の色でした。それまでの私とお母さんの会話にはまったく関係がありません。しかしそのミヅキちゃんのことばを聞いて，お母さんが「緑があるねえ」と応じてあげると，ミヅキちゃんはもう一度そちらを指さして今度は「アカ」と言い，それに対してお母さんもまた「赤もあるねえ」と応じてあげました。

　このエピソードで，ミヅキちゃんとお母さんのあいだには，ミヅキちゃ

第5章 「わたしたち」から物語をはじめる

写真5-2　椅子に座って手を振り下ろしながら描く
（ミヅキちゃん・1歳9ヶ月）

写真5-3　遠くを指さして色の名前を言う
（ミヅキちゃん・1歳9ヶ月）

んが描くことを中心とする，一つの「やりとりの型」のようなものがありました。お母さんは「あめざあざあ」ということばを発することで「ミヅキちゃんが描く様子を一緒に楽しんでいる」という態度を示し，一方のミヅキちゃんもまた，何らかの声やことばを発することでお母さんに応える態度を示していた，というわけです。

　そこに，第三者である私が介入してお母さんと話しはじめると，ミヅキちゃんは急にほかの場所を指さして色の名前を口にしました。なぜでしょうか。

　もしかすると，ただ目に入った色をことばで言ってみたかっただけだったという可能性もありますが，しかし私が話す姿を見て，話すことばを聞いていたミヅキちゃんは，「もう一人の大人がお母さんに話しかけている」という状況を無視してはいなかったはずです。むしろミヅキちゃんの目の前でお母さんに話しかけている私に対して，またその私に対して明るく笑いながら応えようとするお母さんに対して，「わたしも話したい」あるい

は「わたしだって話せる」ということを積極的に主張したかったのではないでしょうか。だからその場面では，必ずしもそれまでの会話と嚙み合わなくとも，ミヅキちゃんにとっては「何かのことば」を言うことが必要だったのであり，きっと対話の文脈を共有する以前に，「ことばを交わすやりとりそのもの」に参入することが重要だったのだろうと思うのです。

4　物語のはじまり──イメージを語る

それまで言語上の意味がなかった「え」の周辺にことばが飛び交うようになると，子どもたちの「え」もいわゆる「絵」として展開されはじめます。自分の中にあるイメージと線を対応させながら描くようになるのです。それは，まだ図としては判別できない形状の線に向かって子どもたちが何かことばを発する，というようなかたちでよく現れます。アカリちゃんが1歳10ヶ月のときのエピソードを見てみましょう。

〈アカリちゃん・1歳10ヶ月〉

　アカリちゃんはいつものように，お母さんと並んで壁に貼られた大判紙に線を描いていました。これまでに何度も見てきた光景ですが，しかしその日のアカリちゃんの線の描き方がそれまでと少し違っていることに私は気がつきました。

　アカリちゃんは，何やら小刻みに手を動かしながら，大きな紙の前をちょこちょこと移動していました。一つの場所に小さな線の固まりをちょろりと描いては，他の場所に移ってまた同じようにちょろりと描きます（写真5-4）。以前のアカリちゃんは一つの場所でしばらくまとまった線を描いてから場所を変えていたので，その描き方は少し不思議な感じがしました。

　アカリちゃんは後ろに座っていたお母さんのほうを振り返り，それ

第 5 章　「わたしたち」から物語をはじめる

写真 5-4　ちょろちょろと小刻みに線を描く
（アカリちゃん・1歳10ヶ月）

まで使っていた木炭を手に渡すと，お母さんの膝の上に座りました。それから，先ほど描いた線を指さして何か言いました。そのアカリちゃんに，お母さんが答えました。

「チョウチョ，チョウチョ描いたの？」

どうやらアカリちゃんは，先ほど描いた線を「チョウチョ」と名付けてお母さんに伝えたようでした。そのことばを聞いたお母さんは，アカリちゃんを膝にのせたまま片手を紙に伸ばすと，アカリちゃんから渡された木炭でリボン形のチョウチョの絵を描き足してあげました。アカリちゃんはお母さんの手がチョウチョを描くところをじっと見ていて，それから紙を指さして「ココ！」と言いました。お母さんは「ここにも描くの？」と答えてその場所にもチョウチョを描き足し，その後で「アッちゃんも描いていいよ」と言いながらアカリちゃんに木炭を返しました。

アカリちゃんは，お母さんの膝に座ったまま目の前の紙に手を伸ばしましたが，やはりその姿勢では描きづらいのか，間もなく立ち上が

写真5-5　ピアノの弾き真似をする（アカリちゃん・1歳10ヶ月）

りました。それから紙の上端に向かって伸び上がると，また「ココ！」と言いながら高いところにチョンチョンと線を描きました。

　このエピソードは，アカリちゃんが描いた線とことばを対応させていることが初めて確認された場面です。さらにこの日は，アカリちゃんがお母さんと一緒にピアノの前に座ってピアノの弾き真似をする場面も見られて（写真5-5），アカリちゃんは，自分の内に湧き起こったイメージをことばで伝えたり，身振りで表現することを心から楽しんでいたようでした。

　おそらくそれまでの生活の中で，アカリちゃんは，チョウチョやピアノの演奏場面をどこかで目にしていたのでしょう。具体的な描画も身振りもすでに経験されたイメージの再現ですが，しかし単なる記憶のリプレイではありません。そこに自分なりにイメージを生み出そうというアカリちゃんがいて，その場の心の動きを原動力として独自の表現のかたちを生み出しているのです。そこには，アカリちゃんの心と体によって生み出される「アカリちゃん独自の物語」があります。

　自分の内にあるイメージを外に表す手段の一つとして，子どもたちはことばと描画を対応させます。その際，すでにイメージを思い描きながら手を動かして描く場合もあれば，リュケ（Luquet, G. H.）が「偶然の写実」ということばで言い表したように，線を描いているうちに偶発的に思いつい

たイメージを後からことばで付け足すということもあります。先のアカリちゃんのエピソードがそのどちらであったかは定かではありませんが、少なくともこの場面から読み取られるのは、アカリちゃんが描いた線とことばの意味をパズルのようにつなぎ合わせただけではなく、そのことばが含むイメージを現在進行形で思い起こしながらそれを楽しんでいた、ということです。これはあくまでも想像ですが、アカリちゃんがエピソードの場面の最後に伸び上がって線を描いたのは、「チョウチョが高く飛んだ」という情景を思いついて、それを紙の上部に線を描くことで表したかったのかもしれません。

5　「わたしたち」の絵――イメージをともにして遊ぶ

　イメージをことばで語りはじめると、子どもは周囲の人々と特定のイメージを共有しながら遊ぶようになります。その中で、おままごとやごっこ遊びなどが体による直接的な表現であるのに対し、いわゆる「絵」としての描画は視覚的な図柄を介した間接的な作業を伴う表現です。その技術は描く体験を重ねながら少しずつ身につけられていくものなので、それよりも先に、誰かの描く図が特定のイメージを表すものであることを理解すると、子どもは自分よりも技術のある大人に描くことを求めたりします。ハナちゃんがちょうど2歳になったときのエピソードで、その一例を見てみましょう。

　　〈ハナちゃん・2歳0ヶ月〉
　　ハナちゃんは壁に貼られた大判紙に向かって、円形の線をぐるぐる

---

(2)　リュケ、G. H.（須賀哲夫訳）『子どもの絵――児童画研究の源流』（金子書房、1979年）を参照。同書の原著は初期の児童画研究として知られ、初版はフランスで1927年に刊行されました。

と描いていました。手をコンパスのように大きく回転させて，きれいな輪っかを描いています。その横にはハナちゃんのお母さんがいて，二人は並んで紙に向かっていました。

　お母さんがクレヨンを持って何か描こうかというように紙に手を伸ばしたとき，ハナちゃんが大きな声で「オシャマ！」と言いました。それを聞いたお母さんは「おほしさま？」と答えました。ハナちゃんはお母さんに「星を描いて」とお願いしているようです。

　お母さんは，手元に置いてあった箱の中から黄色いクレヨンを取り出すと，それで小さな一筆書きの星を描きました。ハナちゃんはそれを見て体をはずませ，「オシャマ，オシャマ（おほしさま）」と言って喜びました。

　それからお母さんは，次に茶色いクレヨンを手に取って，星の隣に小さな円を描きました。すると，ハナちゃんはそれに抗議の意を示すように「オシャマ，オシャマー」と叫びました。星ではないものを描くのは気に入らないようです。

　お母さんはハナちゃんのほうを向いて，「おほしさま描く？」と尋ねました。ハナちゃんは，しっかりと首を縦に振ってそれに答えました。そこでお母さんは，「じゃあハナも一緒に描きなよ」と言って，ハナちゃんにもクレヨンを一つ手渡しました。

　それから再び紙に向かって星を描きはじめたお母さんの手の下で，ハナちゃんも星を描こうとしたのですが（写真5-6），しかしまだお母さんのようには一筆書きの星を描くことができません。ハナちゃんは短い線を引いた後，いらだったように手を紙から離すと，持っていたクレヨンをお母さんのほうへ向けました。その訴えに気づいたお母さんは，ハナちゃんの手を取って，その手を一緒に動かしながら一緒に星を描きはじめました。ハナちゃんは動かしてもらうその手の先をじっと見ていて，やがて星が完成すると，嬉しそうにお母さんの顔を

第5章 「わたしたち」から物語をはじめる

写真5-6　お母さんが描くところを見な
　　　　　がら一緒に星を描こうとする
　　　　　（ハナちゃん・2歳0ヶ月）

見て，それから両手を高く持ち上げて体を左右に揺らしながらひねると，「きらきら」という身振りをして見せました。

　このエピソードで，ハナちゃんは当初からお母さんに星の線を描いてもらうことを求めていました。そしてお母さんが星の記号を描くやいなや，興奮気味に喜びました。

　描画の最中に子どもたちが口にするものの名前は，いずれも子どもたちがそれぞれ日頃から慣れ親しんでいる対象の名前です。その対象は，テレビや絵本を通して見聞きしたのかもしれないし，どこかで実際に目にする機会があったのかもしれません。子どもがその対象について語りながらお母さんやお父さんの顔を見上げる姿は，家庭において交わされているであ

99

ろう日常のやりとりを思い起こさせます。きっとハナちゃんも，日々の生活の中で何かの機会に「星」のイメージを知り，お母さんと一緒に楽しんだことがあるのでしょう。

　ハナちゃんの「星」のイメージは，「オシャマ」ということばと，お母さんの描く一筆書きの記号と，「きらきら」という楽しい身振りによって表わされました。そしてこのエピソードでハナちゃんが自分で描こうとせずお母さんに描いてもらおうとしたのは，描くことよりもお母さんと「星」のイメージを共有して遊びたいという気持ちのほうが強かったからではないでしょうか。

　それに対してお母さんは，ハナちゃんの希望を叶えてあげつつ，その一方でハナちゃんが自分で描くよう求めました。そしてハナちゃんもまたそのお母さんの提案を受け入れるのですが，しかし実際には一人で描けないことがわかり，その結果，二人は手を重ねて一緒に星を描くことになりました。この「かいて」「かきなよ」「できない」「じゃあ一緒に」というやりとりを通してハナちゃんはきっと，はじめにお母さんに描くことをお願いしたときよりも深く，星というイメージが「つながり合うわたしたち」の関係の中で共有される喜びを味わうことができたのではないでしょうか。

6　ことばを発し，イメージを語る姿から

　ことばには，不特定多数の人々によって共有される「意味」があります。そしてだからこそ，日々の社会生活においてはその意味を正しく扱う形式が重視されるのですが，しかしそれとはまったく別の次元で，私たち人間には「主体的に語りたい」という根源的な欲求があります。だから子どもたちの活動においては，まずことばを発して人に伝えたいという思いが自分自身の内側から湧き上がってくるプロセスが大切であって，そのプロセスを体験することこそが「生きたことば」を育む温床になるといえるでし

よう。

　第1節のエピソードにおいて，ハナちゃんは憤りの感情を表現するために「ポーイ！」という擬態語を発し，そのことばで感情を周囲にぶつけながら，「思い通りにならない状況と闘うわたし」をはっきりとその場に立ち現しました。その時，ハナちゃんにとって受け入れ難い状況をハナちゃんが受け入れていくために，矛盾するようではありますが，ハナちゃんがそれを「受け入れられない」ということを主体的に表明していくことが必要だったのだと思います。

　第2節と第3節のエピソードでは，ハナちゃんとミヅキちゃんがそれぞれに色の名前を言うことを通して自分の存在を主張する姿がありました。そしてその主張に至るまでに，子どもたちはお父さんやお母さんとことばを交わし合っており，その中で「ことばを交わす」という行為そのものの意味を感じ取っていたように思います。ことばには，そのことばが示す「意味」が共有される以前に，それを「発する」という行為を通して人と人とを関係づける力があり，子どもたちはその力を確かに利用しているようでした。

　そして子どもたちが「ことばの意味」の世界に足を踏み入れると，ことばはその一つひとつが象徴するものを介して，子どもたちと周囲の人々とを関係づけていくようになります。それは色の名前であったり，「チョウチョ」や「星」といった特定の対象であったりしますが，その「意味」を共有させるだけにとどまらず，ことばはそれを語る一人の子どもをその子の世界を彩る物語の主人公に押し上げていくのです。

　子どもたちの描画がイメージと結びつきはじめる時期が，強い主張に目覚めたばかりの1歳後半であるという発達のなりゆきは，私たち人間が育ちの初期の段階からすでに意味の世界を生きはじめる存在であることを示唆しているように思われます。そしてだからこそ人間の内面では「意味を理解すること」と「生身の主体として感じること」がばらばらに分かれて

しまいやすいところがあって，子どもたちが意味に閉じた世界に浮遊することなく一人の主体としてこの世界の地に足をつけて生きていくためには，「感じる」という体験と同時に「感じたことを伝え合う」という体験を積み重ねていくことが大切になります。第6章で，このことを考えていきましょう。

第6章

感じる主体として描くということ

足の裏に絵の具を塗る(ハル君・2歳3ヶ月)

第6章では，描く作業とその周辺で起こる「感じる体験」に焦点をあててエピソードを見ていきます。「感じる」ということばには二通りの意味があり，一つは体の「感じる」，もう一つは心の「感じる」です。どちらも子どもを一人の主体として世界の中心に立たせる基本的な感覚であり，様々に具体的な体験を通して，その子の世界に奥行きと彩りを与えています。

　それでは，描画のプロセスにおいて二つの「感じる」はどのようにこの世界の主体として生きようとする子どもたちを支えるのでしょうか。1歳後半から2歳初めの子どもたちのエピソードを通して考えていきます。

第6章　感じる主体として描くということ

1　体と心で感じ取る——両手を使って描く

　第4章で，子どもたちが円錯画を描くのは，子どもの手に「回転したいという感情」があるからだというグレツィンゲルの説を紹介しました。これと同様に，子どもたちが「自分の体を動かしたい気持ち」にもとづいて描いているように感じられるのは，両手をいっぺんに使って描く場面です。

　よく見かけるやり方は，両手を左右対称に動かしたり，交互に使って描く方法で，写真6-1のアカリちゃんと写真6-2のハナちゃんの姿はその一例です。大きな紙に向かって2つの手と腕を中心に体の機能全体を働か

写真6-1　背伸びして両手で描く
（アカリちゃん・1歳7ヶ月）

105

写真6-2　両手でぐるぐる線を描く
（ハナちゃん・1歳9ヶ月）

せる子どもたちの姿には，まるで水の中を泳いでいるような，空中をはばたいているような，そんな自由さがあります。

　グレツィンゲルは，この両手描きが子どもの形態や空間に対する感受性と関連することを主張しました。[1]運動的な描く行為が豊かな空間体験を子どもたちにもたらすと考えたところがグレツィンゲル独特のものの見方です。

　そして実際の子どもの姿に照らし合わせてみると，このグレツィンゲルの説に共感できるところは少なくありません。上下左右やいろいろな方角に向かう線を描きながら，あたかも空間を探るように手を動かす子どもたちの様子は，頻繁に確認されるものだからです。

　ここでは，ヒロト君が1歳10ヶ月のときのエピソードを見ながら両手を使って描くプロセスについて考えてみます。

---

(1)　前出『なぐり描きの発達過程』第1部の4「両手で」を参照。

〈ヒロト君・1歳10ヶ月〉

　その日の活動のはじめ，ヒロト君は壁面の大判紙に向かっていました。その紙にはまだ誰も手をつけておらず，まっさらな状態です。ヒロト君はその紙に線を描きはじめ，その側にはいつものようにお母さんがいて，描く様子を見守っていました。

　まずヒロト君は，右手にクレヨンを持って描きはじめました。手を縦に動かしたりぐるりと回したりしながら，いろいろな方向に向かう線を描いています。そして近くでヒロト君の様子を撮影していた私がカメラのシャッターを切ると，撮られていることが気になったのか，ヒロト君はチラチラとこちらを見ました。

　やがてヒロト君は，右手のクレヨンを左手に持ちかえて描きはじめました。どちらの手で描いても，作業的には大差がないようです。

　その途中で，私が近くにいたお母さんに話しかけると，ヒロト君は手を止めて，こちらを見ながら自分が線を描いた辺りを指さしてみせました。どうやら自分の存在をアピールしながら，「ここに描いたよ」と教えてくれているようです。

　それからヒロト君は10分あまりその場にいて，同じ紙に線を描き続けました。ヒロト君のお母さんもずっと一緒にいたのですが，ちょうど近くにいたミヅキちゃんのお母さんとも話をはじめて，ヒロト君が話しているお母さんたちを見てまた描くのを中断すると，ヒロト君のほうに向き直ってウンウンとうなずいたり，服についている汚れを払ってあげたりしました。不思議なことにそうやって少しだけお母さんに関わってもらうと，ヒロト君はまた紙面を向いて，再び淡々と線を描き出すのでした。

　ヒロト君は同じ場所でしゃがんだり立ったり，さらには伸び上がって紙の上辺に手を伸ばしたりしながら，四角い大判紙の枠の上辺をなぞるように線を描いていきました。そしてクレヨンを右手と左手で交

写真 6-3　両手で描きながら紙を線で埋めていく
（ヒロト君・1歳10ヶ月）

互に持ちかえながら，大きな画面に次々と線を描き足していきました（写真6-3）。

　その間，私は他の参加者への対応で一時その場を離れたのですが，少し経ってから戻ってみると，ヒロト君が再び私に向かって，先ほどまで線を描いていた辺りを得意げに指さして教えてくれました。それを見ると，ヒロト君の体よりも大きい大判紙が，ヒロト君の描いた線でいっぱいになっていたのでした。

　このエピソードの場面で，ヒロト君は大判紙に線を描き続けているあいだずっと，描いたり手を止めたり周囲の人のほうを向いたりすることを繰り返しており，一見すると気もそぞろで，集中して描くつもりがないかのようにも見えます。しかしあちこちに体と視線を向けながらも線を描き続け，さらには自分が描いた線を得意げに見せてくれたりもしていたので，ヒロト君はヒロト君なりに終始「描くつもり」で描いていたのだと思います。

そしてその間，ヒロト君がやっていたのは，両手を交互に使って線を描く作業でした。やはり一見，自由気ままに手を動かしていたかのようでもあるのですが，しかしヒロト君は紙の上下左右の端をよく見てその枠の中いっぱいに線を収めながら描いており，第4章の第1節のエピソードで，紙ではない場所に描こうとしていた彼も，もう「紙の内側に描く」という活動の形式をよくわかっていて，むしろ紙の際（きわ）に手を伸ばして，目の前の紙を隅から隅まで埋めることを楽しんでいるようにも見えました。

　また，ヒロト君は，描きながら周囲をチラチラと見て，室内の環境や人の動きをよくわかろうとしていたようでもありました。

　仮にグレツィンゲルが述べるように，運動的に線を描く行為が子どもたちの形や空間にまつわる感受性の働きを促すものであるとするならば，ヒロト君がそのようにその場の状況を把握しながら描くことには一つの必然性があると考えられます。ヒロト君は線を描くことによって「いま，この場」をしっかりと感じ取り，目の前の空間を自分のものにしようとしていたのではないか，と思うのです。そして両手を使う描き方は，より豊かに「いま，この場」を感じ取るための方法の一つだったのではないでしょうか。

2　「いま，この場」の喜び――体の「感じ」を求める

　自分の体を通して，「いま，この場」で喜びを感じるために描く。1歳の子どもたちの描き方がそのように見える場面はけっして少なくありません。ちょっと面白い場面の例として，ここではハル君が1歳9ヶ月のときの短いエピソードを紹介しておきます。

　　〈ハル君・1歳9ヶ月〉
　　　ハル君は，お母さんと並んで壁に貼られた大判紙の前に座り，線を

写真6-4　声を出しながら線を描く　　写真6-5　お母さんに笑いかける
　　　　（ハル君・1歳9ヶ月）　　　　　　　　（ハル君・1歳9ヶ月）

　描いていました。壁に片手をついて体を支えながら，もう片方の手を上から振り下ろして縦方向の線を描いています。そこでハル君は，線を描きながら，独特のリズムで不思議な声を発していました。

　まずクレヨンを紙にあてて描きはじめる起点で，「ウウー」と声を発します。次に，手を振り下ろしながら「アー」と息を吐くようにまた声を発します（写真6-4）。ハル君がそれを何回も繰り返すので，一緒にいるお母さんもハル君の動きに同調しながら声を発し，二人は「ウー」と「アー」という二つの音のリズムにのって，まるでそろって体操をするように上に伸びてから前に屈む動作を繰り返しました。

　ハル君は声を出しながら描くその動作を何度か繰り返した後，体ごとくるりとお母さんのほうを振り向いて，それからいかにも楽しそうな笑顔でニコッと笑いかけました（写真6-5）。

　このエピソードの最後にハル君が見せた笑顔は，お母さんに向けて「楽しいね」と語りかけるような，あるいは「すごいだろう」と褒めてもらいたいような，そんな楽しさと期待が入り混じった表情でした。
　実際に，ハル君はとても楽しかったのだと思います。声を出すことはそ

れ自体が感情を表す一つの方法であって，ハル君の声色からはハル君の気持ちの高揚がよく伝わってきました。お母さんが一緒に調子を合わせてくれていたことも，もちろんその楽しさを後押ししていたでしょう。

　子どもたちが描画をする場面では，手の操作にとどまらないこうした「遊び」がよく生まれます。大人からしてみれば「なぜそんなことをするのだろう」と不思議に思うようなことも少なくありませんが，ただただ，そこで体験される全身の「感じ」が面白いのだと思います。アカリちゃんが1歳11ヶ月のときには，こんな場面もありました。

〈アカリちゃん・1歳11ヶ月〉
　アカリちゃんは両手に木炭を持って，間仕切り台の側面に貼られた大判紙に向かっていました。木炭を紙にあて，線を描く姿勢をとっていますが，しかしその顔は後ろで話をしている人たちのほうを振り向いていて，どうも描く作業に集中している様子ではありません。
　アカリちゃんはふと，顔を向けている後ろの方向へ向かって足を踏み出して進みました。するとすぐ近くに座っていたアカリちゃんのお母さんにぶつかって，そのまま倒れかかりながら尻もちをついてしまいました。あちこちに気が散っていて，何に向かって何をするのか決めかねたまま動いているようです。
　床に座ったアカリちゃんは，そこに座り続けたまま，不思議なことをはじめました。持っている木炭を自分の頬にあててこすりはじめたのです（写真6-6）。アカリちゃんは何度も頬に木炭をあてながら，顔の外側から内側に向けて手を振ります。それに気づいたお母さんが，驚いてアカリちゃんの顔についた黒い炭を払うのですが，アカリちゃんは止めようとしません。それどころか少し笑っていて，どことなく気持ち良さそうな表情さえ浮かべています。お母さんはなんとかアカリちゃんの手を止めて紙のほうへ誘導しようとするのですが，アカリ

写真6-6　木炭で顔をこする（アカリちゃん・1歳11ヶ月）　　写真6-7　お母さんの顔に木炭をあてようとする（アカリちゃん・1歳11ヶ月）

ちゃんはそのお母さんの手を逃れ，木炭で顔をこすり続けました。

　そしてアカリちゃんはお母さんのほうを向いて膝立ちになると，今度はお母さんの顔に向かって両手を持ち上げました。どうやらお母さんの顔に木炭をあてようとしているようです。とっさに身の危険を感じたらしいお母さんが，上体を引きながらアカリちゃんの両手を抑えました（写真6-7）。まさか，というように苦笑いして首を横に振っています。

　お母さんと組み合った挙げ句，お母さんの顔に木炭をあてるのを諦めたアカリちゃんは，木炭を置いて立ち上がりました。それから頬についた粉を手でペチペチと払って歩き出しました。何かほかに面白いものはないかと探しはじめたようです。

　このエピソードは，すでにその日遊びはじめてから30分以上経過した後の出来事だったので，もしかするとアカリちゃんが室内での遊びに少し飽きて，なんらかの変化を求めていた頃だったのかもしれません。また，太くて大きな木炭は柔らかくて感触が心地よく，顔をこするとシュッと乾い

た音が耳に響くので、そのささやかな刺激が快かったのだと思います。

　木炭で顔をこするという行為は、私たち大人からするとまったく合理的ではなく、顔が汚れるわけですし、いったい何をするのかと驚いてしまうところもあるでしょう。しかしアカリちゃんの楽しげな様子からは、それがアカリちゃんに一つの手応えをもたらしてくれる遊びであって、アカリちゃんがその手応えを喜んでいるらしいことがよく伝わってきました。そしてだからこそ、自分が感じた快さを「お母さんと一緒に体験したい」と思ったのかもしれません。先のエピソードのハル君がそうだったように、体で得られる「感じ」をともにいる人と分かち合うことにも、また喜びがあるからです。

3　力をこめる——だんだん主体を立ち上げる

　描画における身体運動的、身体感覚的な側面は、ときに「いま、この場」に自力で立つ主体性が揺らいでいる子どもの足場をしっかりと固めてくれることがあります。描く作業をしながら次第に子どもの活動性が高まっていくような場合がそれです。その一例として、ヒロト君が1歳11ヶ月のとき、ぐずっていた状態から描画を通して立ち直っていった場面を見てみましょう。

　〈ヒロト君・1歳11ヶ月〉
　　その日のヒロト君は、半べそをかきながらやって来ました。ヒロト君のお母さんによると、数日前からずっと不機嫌な状態が続いているそうです。ヒロト君はたしかに元気がなく、全身の力が抜けているような様子で、お母さんがヒロト君の着ているジャンパーを脱がせようとすると、不機嫌そうに抵抗しはじめました。
　　ヒロト君はジャンパーを着たまま、部屋の奥に小走りで向かってい

きました。向こうの壁に貼られている，まだ誰も手をつけていない黒い大判紙を指さしています。

　ヒロト君のお母さんも続いて部屋の奥へやって来ると，その紙の前に座りました。それからまたヒロト君のジャンパーを脱がせようとしたのですが，ヒロト君が頑なに抵抗するので，お母さんはヒロト君の片手を袖の中に残したまま，脱がせるのをやめました。

　お母さんはヒロト君の気持ちを遊びのほうへ向かわせようと思ったのか，クレヨンを持って紙に向かうと，ヒロト君に見せながらぐるぐると渦巻き状の線を描きはじめました。ヒロト君が，お母さんの手元を見つめています。その時，お母さんがすばやくヒロト君のジャンパーを脱がせました。片腕が入ったままの袖をさっと抜き，一方のヒロト君は脱がされながら「あれあれ」というようにジャンパーを追いかけてその場でくるりと一回転しました。しかしヒロト君はジャンパーを手放すことを許さず，お母さんの手に渡ったジャンパーをつかんで取り返すと，それを持ってぺたりと座ってしまいました。そう簡単には気分を変えられない様子です。

　お母さんは，それ以上の無理強いをしませんでした。そしてヒロト君の顔をのぞき込みながら，先ほど描いた渦巻き線の周りに，今度は小さい円をいくつも描きはじめました。ヒロト君は力なく座ったまま，お母さんが描いている様子をじっと見ています。そしてお母さんが円の中を一つずつ塗りつぶしていくと，ヒロト君はふいに持っていたジャンパーをお母さんに押しつけるように渡しました。お母さんが描いているところを見て自分でもやりたくなったのか，ふさがっている両手を空けようとしたようでした。ところが，ヒロト君はすぐにまた力を抜いた姿勢でジャンパーに手を伸ばしてしまい，どうやらそのジャンパーを手放すことが遊びはじめるきっかけになるようなのですが，その一歩を踏み出すことに躊躇しているようなのでした。

第6章 感じる主体として描くということ

写真6-8　ぐずって元気がなかったが，線を描きながら自分から動きはじめた。（ヒロト君・1歳11ヶ月）

　その時，お母さんが近くに置いてあったペットボトルを手に取って，カラカラと振ってみせました。中に，クレヨンと木炭が入っています。それを見たヒロト君は，さっとペットボトルに手を伸ばしました。

　お母さんはペットボトルを逆さにしてヒロト君に渡し「（中身を）出してくださいな」とお願いしました。ヒロト君は力強くペットボトルをつかむと，お母さんが広げた手のひらの上でペットボトルを上下に振りました。すると，中に入っていたクレヨンと木炭が本当に出てきたので，お母さんはおおげさに喜んでみせて，それから，クレヨンを持って紙のほうを指し示し，ヒロト君に紙に描くように促しました。

　そしてヒロト君はとうとう，立ち膝になって紙に向かい，線を描きはじめました。しかし，たまたま手に取ったクレヨンが暗い色だったため，せっかく描いた線がはっきりと見えません。お母さんはすぐに別のクレヨンをヒロト君に差し出し，それをもらったヒロト君がもう一度さっと線を引くと，今度は鮮やかな明るい色の線が残りました。自分で描いた線を見て，ヒロト君が「ア」と声を上げました。

その後，ヒロト君はいったん手を止めて座る姿勢に戻ったのですが，お母さんに「(描いて) いいよ，いいよ」と再び促されると，また立ち膝になって描きはじめました。
　ヒロト君は紙を叩くような動作で繰り返し線を描き，お母さんはほっとした表情でしばらくそれを見守って，まもなくジャンパーを片付けにいきました。
　やがてヒロト君はしっかりと両足で立ち上がり，さらに勢いよく手を動かして線を描くようになりました。それは力強く，ヒロト君が手を紙に向かって振り下ろす度に，紙の裏に貼ってあるブルーシートが揺れて，ガサガサと大きな音を立てました。

　このエピソードの後半でヒロト君が描いた線は，まるで紙に向かって自分の力試しをしているような荒々しい線でした (写真6-8)。しかしその一方で，当のヒロト君はといえば，描けば描くほど当初の不機嫌さが薄らいでいったようで，しばらくすると，近くにやってきたミヅキちゃんに対して自分が持っていたクレヨンを差し出すほどの気持ちの余裕を見せるようになりました。まるで，荒々しい数々の線が，ヒロト君の不機嫌さを吸い取って形を成したかのようでした。これはどういうことでしょうか。
　たとえば，「発散する」ということばがあります。体を動かしたり人と話したりして，自分の中に溜まった嫌な気分が軽減していくようなときによく使われることばです。あたかも何かモヤモヤしたものがヤカンの湯気のように放出されていくような響きがありますが，それは実際には，心理的な不快さが何かのきっかけで忘れられたり軽減されたりして，認識が変容していくプロセスを表しています。それでは，線を描きながら次第に元気になっていったヒロト君の中で，いったい何が変容したのでしょうか。
　描画は，手を動かした痕が物理的に紙の上に現れ残されていく作業です。ですから，ヒロト君は線を描きながら，強い手応えとともに増えていく痕

跡を一つひとつ自分の目で確認しながら，最終的に「これだけ描けた」という視覚的な根拠を目の前にして，「それだけのことを成し遂げられる力があるぼく」を実感し，自信を得たのではないでしょうか。そして一緒にいたお母さんは，ヒロト君がいつもの自信を取り戻す手がかりをなんとかしてヒロト君の目の前に表し，なんとかしてヒロト君自身の力を引き出そうとしていたのだと思います。

4　こわいけどやる──感じ方が転換する

さて，子どもたちは描画材料の手応えや感触を強く求める一方で，初めて触れる材料を非常にこわがり，嫌悪感を示すことがよくあります。固形材料の場合には，比較的手が汚れにくいのですが，それでも手に色味が移ったり爪のあいだに汚れが入るのを気にする子もいるので，それが絵の具のように，見るからにどろりとした質感の材料の場合にはなお，触れる前から抵抗を示す子が少なくありません。日常生活の中でどろどろしたもの（食材や泥など）に直接触れる体験があまりなければ，心理的な抵抗はより強まるようです。

しかし，はじめに嫌悪感や違和感を感じるような材料であっても，実際に触れて遊ぶ体験をする中で，子どもたちの感じ方が180度転換することは少なくありません。ここで，本書の最後のエピソードとして，2歳になったユウカちゃんが初めて絵の具に触れ，こわがりながらも少しずつ遊びはじめた場面を取り上げておきます。

〈ユウカちゃん・2歳0ヶ月〉
　　その日は，それまでプレハブ施設を利用していた活動場所を少し広めの造形室に移して行う最初の活動日でした。そのため，これまで何度も活動に参加してきた子どもたちが不思議なほど新しい環境への違

和感を漂わせてやって来て、それぞれに緊張しているように見えました。ユウカちゃんも例外ではなく、ユウカちゃんはお母さんとお父さんに連れられてやって来たものの、抱っこしてくれるお母さんにしがみついたまま、自分から動こうとしませんでした。

　床に貼られた大判紙を前に座ってもなお、ユウカちゃんは力なく体を丸めた姿勢でお母さんにくっついていました。見慣れない場所にいることもさながら、みんなが使っている絵の具もこわいようです。そのユウカちゃんの気分を変えようとしてか、お父さんが筆に赤い絵の具をつけて円を描き、続けてお母さんが、その円にミッキーマウスのような耳を描き足してみせました。ユウカちゃんはお母さんにしがみつきながら、依然として不安そうな表情でその様子をじっと見ていました。そしてお母さんがご自分の姿勢を変えようとユウカちゃんを少し離すと、「ガー」と声をあげて抵抗し、再びお母さんにしがみつきました。くっつけていた体が離れると、不安が高まってしまうようでした。

　そこでお父さんが「よいしょ」と言いながらユウカちゃんを抱き上げて引き取り、お母さんと抱っこを交代しました。ユウカちゃんは、膝をついて座っているお父さんの足の上に立って、今度はお父さんの首にしがみつきました。お父さんが、ユウカちゃんの背中をトントンと叩いてなだめてあげます。

　そうしているうちに、お父さんが「あ、ついちゃった」と言いました。どうやらユウカちゃんはその場所でどこにも手を触れるまいと決めていたのに、動いた拍子にお父さんの背後にある壁に触ってしまったようでした。お父さんはユウカちゃんに、「じゃあもうついでだからおててついちゃえ」ととぼけた調子で言うと、抱いていたユウカちゃんを紙の前に降ろしました。

　ユウカちゃんは、あぐらを組むような姿勢で紙の前に座りました。

第 6 章　感じる主体として描くということ

写真6-9　こわがってお父さんの足にしがみつく（ユウカちゃん・2歳0ヶ月）

写真6-10　ようやく自分で描きはじめたユウカちゃん（右，2歳0ヶ月）と，すでに手が絵の具だらけのミヅキちゃん（左，2歳1ヶ月）

しかしまだ自分から動き出す気配はなく，お父さんにぴったりと体をくっつけています。

　そのユウカちゃんの前に，ミヅキちゃん（2歳1ヶ月）がやってきました。ミヅキちゃんはすでに絵の具を使ってひとしきり遊んだ後で，両方の手のひらを絵の具で染めていました。ユウカちゃんのお母さんが「どうぞ」と言ってミヅキちゃんに赤い絵の具の入っているトレーを差し出してあげると，ミヅキちゃんはそのトレーに筆をさして，その場で絵の具を使いはじめました。ユウカちゃんの目の前で，筆を使って線を描いたり，手に直接絵の具をつけて紙をペタペタと触ったりしています。

　それを見たユウカちゃんのお母さんも，自分の指に直接絵の具をつけて，紙の上にトントンと指で痕をつけはじめました。ユウカちゃんはその様子をお父さんにくっつきながらじっと見ていて，お父さんが姿勢を変えるために立ち上がると，今度はその足にぎゅっとしがみつきました（写真6-9）。

　そのとき，お母さんがふいに「はい」と言って，ユウカちゃんの前に筆を差し出しました。私はそれを見て，お父さんの足にしがみつい

ていたユウカちゃんは当然また拒否するだろうと思ったのですが，しかし意外なことに，ユウカちゃんはお母さんの差し出す筆をすっと受け取りました。それからなんと筆の先をうっかり自分の足につけてしまったのですが，しかし足をこすりながら「ツイチャッタ」と言うものの，さほど気にし続ける様子でもありません。それより「描いてみたい」という気持ちのほうがすでに上回っていたのか，ユウカちゃんは持っている筆の先を紙にあてると，そのまま線を描きはじめました（写真 6-10）。

　ユウカちゃんは当初，紙に筆をちょっとつけては離し，ちょっとつけては離しと，慎重な所作で線を描いていましたが，周囲に視線を泳がせながらも次第に紙に向き合う体勢になり，少しずつ筆を動かしながら，次第に広く絵の具を塗り広げていくようになりました。

このエピソードで，ユウカちゃんは新しい環境と絵の具をとてもこわがり，自ら動くことを断固として拒否していたのですが，その態度から一転，あっさりと筆を持って描きはじめたので，もしかするとはじめにユウカちゃんが抱いていた気持ちとは，絵の具への嫌悪というよりも，未知の状況に足を踏み入れていくことへの漠然とした不安だったのかもしれません。

そこへ目の前で絵の具を触ってみせるミヅキちゃんが現れ，お母さんも同じように指に絵の具をつけて遊びはじめたので，それを見たユウカちゃんが「こわいと思っている目の前の出来事はそれほどの脅威でもないのかもしれない」と思ったかどうかはわかりませんが，おそらくは態度に現れない部分の認識において少しずつ，「こわい」が「面白そう」に変わり，気持ちも「いや」から「やってみたい」へと変わっていって，それと同時にユウカちゃんをとりまいていた不安の幻想が薄らぎ，いつものように自分から活動する状態に至ったのだと思います。

しばらく経つと，ユウカちゃんは手に直接絵の具をつけて手形を押して

遊ぶようにまでなりました。もしかすると，ユウカちゃんを紙の前に降ろしたお父さんと，筆を差し出したお母さんには，そのようにユウカちゃんの姿勢が急に転換するプロセスがなんとなく予測できていたのかもしれません。

5　「感じる」から価値の体験へ

　描いたり作ったりする造形行為が，他にいろいろある表現のかたち——たとえば，詩や歌や踊りなど——と決定的に違うのは，「もの」を扱うところです。「もの」を操作して描くとき，私たちは目の前の「もの」に対する自分独自の感覚を働かせます。

　たとえば絵の具を使う場合には，筆に水をつけて絵の具を溶くときの，絵の具が水に溶け出していく感じ。紙の上で筆先から絵の具が滲み出していく感じ。鮮やかな色彩，混色による濁り。手に触れたときの絵の具独特のどろりとした感触，冷たい水の温度。こうした様々な要素が一斉に私たちの感覚に働きかけてきます。

　そして作業を進めていく過程でその特性に気づくと，私たちはそこに「きれいだ」とか，逆に「きたない」とか，あるいは「面白い」とか「珍しい」といった独自の価値を認めます。また，まったくもってことばにならない印象を抱き，「なんとなくいい」とか「なんとなくヘンだ」といった個人のフィーリングとしかいいようのないものを感じ取ることもあります。そのように「もの」を介して「体の感じ」が「心の感じ」へとつながり，さらにはそれらについての総合的な価値判断が一度に喚起されてくるのが，「もの」を扱う造形表現の特徴です。

　加えて，あらゆる価値の中でもっとも原初的なものは，「自分にとっての快さ」です。「誰かがいいと言うからいい」というのではなく，はっきりと自分の身を通して感じられる快さ・美しさ・面白さを自分にとっての

価値としてはっきりと自覚する体験には，生きることそのものの喜びがあります。
　しかしそうとはいえ，描画材料を扱う体験プロセスのありようは子どもによって大きく異なり，自分から貪欲に新しい体験に踏み出し，感じていることを積極的にアピールする子もいれば，静かに手応えを味わい，静かに伝えてくる子もいて，一様ではありません。本章の第1節，第2節で取り上げた子どもたちのエピソードは，そのいくつかの例でした。
　そのうえで，多くの子どもに共通していえることは，その場で自分が感じているものを，快いときには笑ってみせたり，不快であれば泣いたりこわがったりしながら表明することによって，たとえその時湧き起こった強い気持ちに呑み込まれてしまいそうであろうとも，やがて自分の中に受け入れ，落ち着かせていくように見える，ということです。そしてそのような場面においては，第3節のエピソードのヒロト君，第4節のエピソードのユウカちゃんがそうであったように，「わたし」にとって重要な「あなた（お母さん，お父さん）」が「わたし」の感じているものをありのまま認めながら側にいてくれるということが，とても大きな助けになります。
　それは，おそらく意識の上には留められずとも子どもたちの体のどこかに残って，その子が「自分で感じ，自分らしく過ごせる」という満ち足りた世界を自分の力でつくり出していくことを支え，さらに大人の見守りがなくなる後々にまでわたって，そのような世界のあり方を心の根底から支え続けてくれる体験であるに違いありません。

記　　録
―― 子どもの体験を見つめる大人のプロセス ――

筆先を目で追いかけながら，届く限界まで
手を伸ばす（ハル君・3歳0ヶ月）

子どもと大人の世界の変容と記録

　ここまで，本書の第1章から第6章を通して，1歳初めから2歳に至るまでのエピソードを読みながら，描画とその周辺で子どもたちが体験している出来事の意味を，子どもたちの身体と内面の育ちに即して考えてきました。

　この後，2歳を超えた子どもたちは，より大胆に，より繊細に，周囲の環境や人々の姿を感じ取りながら，やがて3歳へ向かう過程で体の動きの柔軟さを高めるとともに，広い範囲に目を向けて姿勢を変えながら線を描いたり色を塗ったりするようになります（扉写真）。その場面には，より多くのことばが織り交ぜられた「語り」も加わり，子どもたちは感じたこと考えたことを一つひとつことばに留めながら知的に進んだ対話をするようになりますが，それでもなお貪欲に自分の身体を未知の体験に投げ込んでいこうとする姿は，本書で見てきた「描きながら主体性を立ち上がらせていく1歳のプロセス」と確かにつながっているように思われます。

　そのような1歳の段階を取り上げつつ本書が掲げた大きなテーマは，子どもたちが自分の手と体を通して何かを感じ，思い，それを身振りや表情や声で周囲の人々に示す一つひとつのプロセスがそのまま，子どもたちがこの世界を生きる一人の主体になっていくプロセスであり，同時に，子どもが主体として生きる世界を自らつくりあげていくプロセスである，という考え方でした。

　これをふまえて，本書の最後に位置づく本項では，私たちが子どもたちの描画と世界形成について考えるうえで重要なもう一つのテーマについて短く取り上げておきます。それは，子どもにまなざしを向ける私たち大人の体験のプロセスです。

　子どもたちが辿る新しい体験のプロセスには，子どもたち自身の世界を変容させると同時に，子どもたちに関わる私たち大人の世界をも変容させ

ていく力があります。

　大人の世界の変容とは，一つには，子どもたちが新しい体験に踏み出していく過程を一緒に体験することによって私たち自身の感じ方が広がったり深まったりすることであり，さらにもう一つ，後からそのプロセスを振り返ることによって，そこで起こった出来事の捉え方や考え方が，やはり未知の領域へ広がったり深まったりすることです。両者は密接に関係しており，それらをつなぐ鍵となるのが，子どもたちとともに過ごす体験の場から抽出される「記録」です。

　以下，その「記録」と大人の体験プロセスについて，本書という一つの記録を生み出した私個人の試行錯誤の経過と合わせて，これまで記したエピソードとその解説に通底する考え方を記します。

記録者としての立ち位置

　私が記憶している「ある場面」とは，その時その場の自分に感じ取られた「流れているもの」の集合体である——ある頃から，私はそんな風に思うようになりました。

　「流れているもの」とは，たとえば，その場に集まっている人々の表情や声のトーン，それから，床に散らばっている絵の具の色，部屋の壁の質感，さらには，その日の湿度，気温，明るさなど，私たちがそれとははっきり認識せずに感じ取っている雑多なものです。

　そして私たちは，「ある場面」のうち自分と関係づけられた出来事についてはその印象を記憶に留めているものの，一方で，その周辺の出来事や直接関わり合わなかったことについては，詳しいことをあまりよく覚えていません。私がそのことを実感したのは，実践研究を終えてカメラに残された映像（ここでは，写真と動画の両方をさします）を視聴していたときでした。映像には，忙しくバタバタと動き回りながら撮影していたときには視界に

入っていなかった子どもたちの動きや表情，そして見ていたにもかかわらず記憶から抜け落ちていた対話がたくさん残されていたのです。

　だから私は繰り返し映像を見ることによって，現場でふと目に留めた出来事の詳細を後から知ることが可能でしたし，また，特定の場面についてあれこれ考えながら記述する行程においては，思い込みによって記憶が変質していきそうになるのを防ぐことができました。

　しかしその一方で，映像を使用することによって認識が変容していくことに少なからぬ戸惑いもありました。

　場所の移動や作業時間など，単純な行動の有無や量的な事実については映像を信頼して認識を修正することに疑問の余地はないのですが，問題は，映像を見ることによって私自身の「感じ方」が変容していくことでした。たとえば，記憶の中ではせわしない印象であった場面が，後から映像を通して見ると随分のんびりとした印象であったり，逆にその場では淡々と遊んでいるように見えた子が，よく見ると活発に遊びを展開させていた，というような場合です。それはまさしく「その時その場の感じ方による違い」であって，その「感じ方の違い」がそのまま「記録の不確かさ」になるならば，記録自体が成立しなくなってしまうのではないかと，そんな心配がわき起こってきました。

　しかし，よくよく考えてみると，そもそも私たちは，その時その場に流れているものを生身の人間として肌で感じ取りながらこの世界を見ているのであって，機械のように常に同じ条件のもとで事象に接することはできません。個人のものの見方が入り込まない世界というものはあり得ず，また，人間の目で視聴されるという意味では映像さえも「絶対の資料」ではあり得ないのです。そしてだからこそ，一人の人間としてどのような見方でその場面を捉えたのかということが重要なのであり，流動的な場面の記録であればなおさら，「私」という一人の主体が「このように感じられ，考えられた」という語り方で見聞きした事象を説明しなければ，かえって

他者に伝達するうえでの信頼性を損なうはずです。

　そのようなことを思いながら，私は映像を繰り返し視聴する中で，「一人の人間としての感じ方」もまた，その場面の記録を成り立たせる大切な要素なのだと実感するようになりました。そして生身の人間ならではの限界があることを前提に，見ているその場面をとりまく状況や，その場で感じられるものについての根拠などを含めて語りながら，あくまでも自分を主体として記録を扱っていくことに決めました。

体験した場面の意味を掘り下げる

　記録の視点が定まると，やがて私の中に「何に向かってエピソードを拾い上げていくべきか」という問いが生まれました。記述されるエピソードが，「私」という人間が感じ取り解釈した事象の集合になる以上，膨大な記録から特定の場面をピックアップするのも，その場面のフォーカスポイントを決めるのもまた私自身です。それではその私は，いったい誰に向けて，何を目的にエピソードを記述するのか。それを決めておかなければ記述の的が定まらず，論点が拡散してしまいます。

　私は，自分の研究の成果を「子どもの描画を評価する目安」のような固定的な知見として伝えていきたいわけではなく，子どもたちと親御さんの活動プロセスを素材にして，これから子どもたちに関わる親御さんや保育士さんが「自分を主体として感じ考えていく手がかり」を提示したいと考えていました。それには，もし私が見た子どもたちや親御さんの姿を「あるべき姿」のモデルのように扱って語ってしまえば，それが一つの「正しい規準」として提示され，まったくの逆効果が生まれてしまいます。

　そう考えたとき，私の中で，大人が自分自身の感性にもとづいて子どもに関わっていくための手がかりとなり得る場面の「意味」を示していく，という具体的な課題が鮮明になりました。一つひとつの事象を辿りながら，

生身の自分として感じられたものを記述しつつ，同時に一歩引いて俯瞰し，その場面で起こっていることを，「よい／わるい」「できた／できない」という観点で語るのではなく，子どもの育ちにおける意味，あるいは人間そのものにとっての意味を掘り下げて示していくべきだと考えたのです。

そして「現実に体験した場面の意味を掘り下げていく」というその課題に取り組むにあたって，逆説的ではありますが，一次記録の大部分をビデオカメラに頼り，その映像から多くの発見を得たことが役立ちました。映像は，その時その場で自分の目に映る事象だけを捉えていた私の小さな視野を広げ，目の前の子どもたちと親御さん，さらにはその子どもたちや親御さんと接する私自身をも俯瞰的な立ち位置から捉えて場面の意味を考えさせてくれる，格好の材料だったのです。

一人の主体として映像に向き合う

カメラは，場面を一つの視点で切り抜きながら追っていく道具ですから，手動で扱う場合には，映像の質に撮影者個人の意思が反映されます。その一方で，位置を固定して撮影するいわゆる「撮りっ放し」のカメラには，個人の視点が排除された無機質な映像が残ります。しかしそれらの映像もまた，ふと私の記憶と重なり合うことがあると，新たな見え方をすることがありました。

たとえば，第1章第4節のエピソードを記述したときのことです。私は当時，描画材料そのものを持って遊ぶミヅキちゃんの様子を，「まだ描画をしない段階」と記憶していました。それは一つの見方として誤りではないのですが，しかし子どもの姿のありようを描画行動の有無に着地させているため，それ以上広がる余地のない見方であったことも事実です。その限定的なものの見方を改め直すきっかけになったのは，くしくも「撮りっ放しの淡々とした映像」を視聴していたときでした。

その場面を撮影した日，私は室内で一台のビデオカメラを持ち歩いており，その途中で床にぺたりと座りながら木炭とお菓子の缶で遊んでいるミヅキちゃんを見つけて話しかけ，その際，自分の両手を空けるために，カメラを録画状態のままポンと床に置いたのでした。それによって，カメラは床から人の体を見上げるおかしなアングルで，数分間，顔が見切れた状態のミヅキちゃんが動く映像を記録することになりました。

　それから数年を経て，ふとしたきっかけでその映像を取り出すことになって見てみると，画面には，両足を折り曲げて座ったミヅキちゃんが，手を真っ黒にしながら木炭をつかんで空き缶から入れたり出したりしている様子が映っていました。

　その映像は，ちょうどミヅキちゃんの小さくてふくよかな手足を至近距離で捉えていて，あたかもミヅキちゃんの体温まで感じさせるようでした。それを見ていたら，ふと私の中に，ミヅキちゃんと直接対面していたときの印象が思い出されてきたのです。

　その場面で，ミヅキちゃんはゆっくりとした動きではありながら，しかし一つひとつの行動に強い意思をにじませながらそこに座っていました。しかし当時の私は，そこにいるミヅキちゃんのそういう「生身の印象」を感じ取りつつも，それは「子どもと接するうえでの自明のことであって，ことさら語る必要のないものだろう」と考えていました。

　ところが映像を引き金にして，その場面の記憶が，まるで氷山の下に沈んでいた氷の塊が水上に浮かんでくるようにじわじわと蘇り，それを機に，ミヅキちゃんの体温を感じながらその場で相対していたというそのことが，私が「一人の主体」としてそこにいたことの証であり，それならばそこで感じた「生身の印象」こそ主体的に語るべきではないかと強く思うようになったのです。

　私たちの記憶は，その時その場で体験された現象を永続的に保持するわけではなく，「思い出し，新たに感じる体験」を通して変容していきます。

私の場合，ミヅキちゃんの映像との再会がその追体験の機会になったというわけでした。
　そして，そのように一人の主体として映像と向き合っていくとき，私たちが映像を活用し得る意味は，過去の事象の捉え直しだけではないはずなのです。

「意味ある出来事」を共有する

　実践研究の期間中，私は活動の参加者である親御さんたちに向けて，ある試みを行っていました。活動後に簡易な形式の記録を綴り，インターネット上で親御さんたちと共有したのです。2008年当時は現在ほどSNSが発達していなかったので，インターネット上で画像とテキストを共有するツールとして，私は「ブログ」を選びました。
　ブログを運営するにあたって，私はまず親御さんたちに，撮影した写真をインターネット上に掲載すること，アルファベットを使った仮名でお子さんの名前を記載することの了解を得ました。それから，「活動後にときどきブログを開いてください」とお願いしました。そして一つの活動を終えてから次の活動日までの間，数日おきに，撮影した写真とともに私が感じたことや場面の説明を書いた簡単なテキストを一つずつアップしていきました。
　私はわざわざ子どもたちと親御さんたちが描画をして遊ぶためだけの環境を自ら作る人間ですから，そういう活動の場ではもちろん「意味ある出来事」が自然発生的に生まれるであろうことをあらかじめ想定しています。しかしそれは思わぬタイミングで起こり，また，傍目にはあまりにもささやかであるために，その場で見過ごされてしまうようなことがよくありました。だから，私はなんらかの方法で「意味ある出来事」を親御さんに伝えていきたいと考えていて，それには，ことばで説明を尽くすよりも自分

の目に見えたものをそのまま視覚的に提示することが，もっともわかりやすいだろうと思ったのです。

　たとえば，第2章第5節のエピソードで登場するアカリちゃんは，活動に参加しはじめたばかりの頃，お母さんと一緒に遊びながら，時折ニコリと嬉しそうな顔をして笑うお子さんでした。けれど，細やかによく動く行動的な印象に比べ，そういう表情がいまひとつ目に止まりにくいところがあるような気がしたので，私はアカリちゃんの表情の変化が伝わる映像を拾い上げ，コマ送りのような体裁でブログに掲載することにしました（図 記-1）。

　すると，後日行った活動アンケートで，アカリちゃんのお母さんがブログをご覧になった感想を書いてくださいました。「一つひとつの何気ない行動にも，子どもなりの意志表示があるのかもしれない」というのがその中の一文です。

　こうした記述は，もしかすると活動の運営者である私を気遣って書いてくださったところがあるかもしれませんが，しかしひとまず，私のほうから写真を使って特定の場面を提示し，それが親御さんの認識を広げていくきっかけになるであろう可能性を示してくれた大切なレスポンスでした。

　その後ブログは，少しずつ大きくなっていく子どもたちの様子をぽつりぽつりとアップしていくことになりました。そして親御さんたちからの感想も毎回のアンケートの中でぽつりぽつりといただくようになり，その結果，ブログは次第に私と親御さんたちとをつなぐ重要な媒体として機能するようになりました。私が子どもたちの育ちの過程を追う縦断研究を安定的に継続することができた背景として，親御さんたちと記録を共有し続けられたこのブログには，小さからぬ力があったと思います。

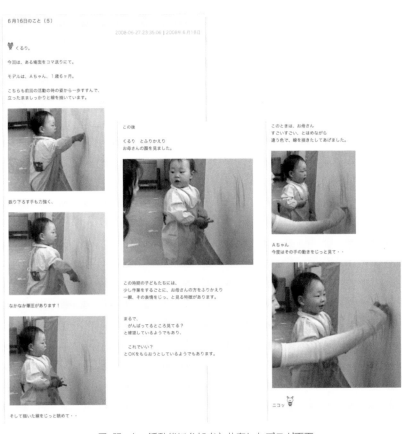

図 記-1　活動後に参加者と共有したブログ画面

「感じる力」を呼び起こすための記録

　映像には，記述とは異なる映像独自の力があります。たとえば「アカリちゃんがお母さんに反応してふと笑ったときの顔」は，ことばではなかなかその表情や雰囲気を記述することができませんが，映像（とくに写真）では，その一瞬の現象を拾い上げ，拡大して見せることができます。

　私はその力を良い意味で利用したいと考えました。日々のやりとりの中

記　　録

では注目されにくい子どもたちのささやかな表現を拾い上げて，視覚的に印象づけたいと思ったのです。そしてそれはもちろん，カメラに任せて自動的に行えることではなく，「私」という人間が「感じ考える一人の主体」として場面を特定し，自分の手で切り取り，ことばを付け足していくことで成り立つ表現のかたちでもありました。

　近年，保育の領域において，写真を使ったドキュメンテーションやビデオを使った振り返りの有用性が注目されるようになりました[1]。そのような取り組みが積極的に行われるようになったのは，映像が単に事実確認に役立つというだけではなく，大人たち自身が子どもたちの活動プロセスを振り返り，共有し，認識を深めていく手がかりになるからでしょう。さらに言えば，子どもと接する現場でより多くの気づきを得たいという保育者自身の意識の高まりであるとも考えられます。

　そもそも子どもたちと関わり合っているその現場で，私たち大人には自分の姿が見えません。たとえていうなら「台風の目」になっているようなもので，今まさに自分の周辺で渦巻く子どもたちの声や行動に集中し，局所的なものの見方をしている状態にあるのです。ドキュメンテーションやビデオを見ながら振り返る時間は，その台風の目から私たちの視点を引き離し，穏やかに俯瞰する機会を与えてくれます。

　しかしその一方で，一歩引いた視点に立って対象を眺めるとき，私たち大人には，ものごとを「正しさ」と照らし合わせて評価しようとする習慣があります。それは私たちが「間違い」や「失敗」を避けて人間社会で過ごしていくために必要な一つのものの見方ですが，しかしその評価的な視点でものごとを捉えてふるまうことに慣れてしまうと，私たちの内にある原初的な「感じる力」は次第に鈍くなっていきます。

---

(1) 保育におけるドキュメンテーションは，保育者が活動プロセスを写真と文に起こし，子どもや保護者，保育者同士で共有できるようにした記録のことを指します。

もともと私たちの内にはそれぞれ独自の「感じる力」があって、自分を取り巻くあらゆるものを自分自身の体を通して感じ取る幼少期からのプロセスを経て、この世界の中心に立ち、「いま、ここ」のそれぞれの人生を生きています。その「わたし」があくまでも「この世界を生きる主体」として過ごすために、社会的な評価や他者の視線を配慮するよりも前の段階で、まずもって「自分として感じる」ということは常に欠かすことのできない通過点です。

　だからこそ、子どもたちの活動を記録するには、記録をする大人が「私の目には子どもたちの姿がこのように見えている」と、ことばと写真で表現していくことに大切な意味がある、というのが私の考えです。一人の人が実感を込めて生み出したことばや映像のイメージは、その人自身の「感じる力」を強めると同時に、それを見る多くの人が共感し、主体的に感じる力を引き起こし、静かで前向きな連鎖を生み出していく可能性を持っています。その連鎖が、ひいては私たちが関わる子どもたちの「感じる力」を引き起こすことは言うまでもありません。

　このような意味で、記録には過去の出来事を今に留めるだけではなく、それを見る私たちの感情を揺り動かしつつ、人と人をつなげ、未来に向けて押し出していく力があります。そして実感を込めて記録を撮影したり書いたり、あるいはその記録を見たり読んだりして反芻する作業は、何よりも私たち大人にとって、改めて多くのものを感じ取り考えながら、自分の世界を新しくつくり上げていくプロセスでもあるのです。

文 献 一 覧

引用文献

Arnheim, Rudolph　1954　波多野完治・関　計夫（訳）　1963　美術と視覚――美と創造の心理学　上　美術出版社（*Art and Visual Perception: a Psychology of the Creative Eye.*　University of California Press.）

Arnheim, Rudolph　1969　関　計夫（訳）　1974　視覚的思考――創造心理の世界　美術出版社（*Visual Thinking.*　University of California Press.）

Erikson, Erik H.　1959　西平　直・中島由恵（訳）　2011　アイデンティティとライフサイクル　誠信書房（*Identity and the Life Cycle.*　International Universities Press.）

Erikson, Erik H.　1959/1980　*Identity and the Life Cycle.*　W. W. Norton & Company.

Grözinger, Wolfgang　1961　鬼丸吉弘（訳）　2000　なぐり描きの発達過程　黎明書房（*Kinder Kritzeln Zeichnen Malen: Die Frühformen Kindlichen Gestaltens. 2. Auflage.*　Prestel-Verlag.）

厚生労働省（編）　2008　保育所保育指針解説書　フレーベル館

鯨岡　峻　2005　エピソード記述入門――実践と質的研究のために　東京大学出版

鯨岡　峻　2006　ひとがひとをわかるということ――間主観性と相互主体性　ミネルヴァ書房

Luquet, Georges-Henri　1927/1977　須賀哲夫（監訳）・吉田博子・毛塚恵美子・五十嵐佳子（訳）　1979　子どもの絵――児童画研究の源流　金子書房（*Le Dessin Enfantin.*　Alcan. / *Présentée et commentée par Jacques Depouilly.*　Delachaux et Niestlé.）

田中昌人　1999　1歳児の発達診断入門　大月書店

Tomasello, Michael　1999　大堀壽夫・中澤恒子・西村義樹・本多　啓（訳）　2006　心とことばの起源を探る　勁草書房（*The Cultural Origins of Human Cognition.*　Harvard University Press.）

参考文献

（本書執筆において，とくにエピソードを検討する過程で参考にした文献）

Bowlby, John　1969　黒田実郎・大羽　蓁・岡田洋子（訳）　1976　母子関係の理論――Ⅰ愛着行動　岩崎学術出版社（*Attachment and Loss, Vol. 1 Attachment.*

The Hogarth Press.)

Bowlby, John 1988 二木 武（訳）1993 母と子のアタッチメント——心の安全基地 医歯薬出版（*A Secure Base: Clinical Applications of Attachment Theory.* Routledge.)

Bruner, Jerome S. 2002 岡本夏木・吉村啓子・添田久美子（訳）ストーリーの心理学 2007 ミネルヴァ書房（*Making Stories : Law, Literature, Life.* Harvard University Press.)

Erikson, Erik H. & Erikson, Joan M. 1997 村瀬孝雄・近藤邦夫（訳）2001 ライフサイクル，その完結 みすず書房（*The Life Cycle Completed.* W. W. Norton & Company.)

Erikson, Erik H. 1968 岩瀬庸理（訳）1982 アイデンティティ 金沢文庫（*Identity: Youth and Crisis.* W. W. Norton & Company.)

Gibson, James J. 1979 古崎 敬・古崎愛子・辻敬一郎・村瀬 旻（訳）1985 生態学的視覚論——ヒトの知覚世界を探る サイエンス社（*The Ecological Approach to Visual Perception.* Houghton Mifflin Company.)

浜田寿美男 2002 身体から表象へ ミネルヴァ書房

鯨岡 峻 1989 初期母子関係における間主観性の領域 鯨岡 峻（編訳）・鯨岡和子（訳）母と子のあいだ——初期コミュニケーションの発達 ミネルヴァ書房 pp. 277-328

鯨岡 峻 1998 両義性の発達心理学——養育・保育・障害児教育と原初的コミュニケーション ミネルヴァ書房

鯨岡 峻 1999 関係発達論の構築 ミネルヴァ書房

鯨岡 峻 2011 子どもは育てられて育つ——関係発達の世代間循環を考える 慶應義塾大学出版会

鯨岡 峻 2012 エピソード記述を読む 東京大学出版会

Merleau-Ponty, Maurice 1942 滝浦静雄・木田 元（訳）1964 行動の構造 みすず書房（*La Structure du Comportement.* Presses Universitaires de France.)

Merleau-Ponty, Maurice 1945 竹内芳郎・小木貞孝（訳）1967 知覚の現象学 1 みすず書房（*Phénoménologie de la perception.* Editions Gallimard.)

Merleau-Ponty, Maurice 1945 竹内芳郎・小木貞孝（訳）1974 知覚の現象学 2 みすず書房（*Phénoménologie de la perception.* Editions Gallimard.)

Merleau-Ponty, Maurice 1969 木田 元・滝浦静雄（訳）2001 幼児の対人関係

みすず書房（*Les relations avec autrui chez l'enfant*.　Editions Gallimard.）
岡本夏木　2005　幼児期――子どもは世界をどうつかむか　岩波書店
ロジャーズ，C. R.　伊東　博（編訳）　1947-1959/1967　ロージャズ全集8――パーソナリティ理論　岩崎学術出版社
高橋　勝　2007　経験のメタモルフォーゼ――〈自己変成〉の教育人間学　勁草書房
田中昌人　1982　子どもの発達と診断2　乳児期後半　大月書店
田中昌人　1984　子どもの発達と診断3　幼児期I　大月書店
Tomasello, Michael　2008　*Why we cooperate*.　A Boston Review Book.
Tuan, Yi-Fu　1977　山本　浩（訳）　1988　空間の経験　筑摩書房（*Space and Place*. University of Minnesota.）
Wallon, Henri　1942　滝沢武久（訳）　1962　認識過程の心理学　大月書店（*De l'acte à la pesée*.　Flammarion.）
Wallon, Henri　1949　久保田正人（訳）　1965　児童における性格の起源　明治図書（*Les origins du caractère chez l'enfant*.　Presse Universitaire de France.）
ワロン，H.　浜田寿美男（訳編）　1938-1956/1983　身体・自我・社会――子どものうけとる世界と子どもの働きかける世界　ミネルヴァ書房
鷲田清一　1997　現象学の視線　講談社
Werner, Heinz & Kaplan, Bernard　1963　柿崎祐一・鯨岡　峻・浜田寿美男（訳）　1974　シンボルの形成――言葉と表現への有機―発達論的アプローチ　ミネルヴァ書房（*Symbol Formation an Organismic-Developmental Approach to Language and the Expression of Thought*.　John Wiley & Sons.）
ヴルフ，C.　高橋　勝（監訳）・今井康雄（訳）　1994/2001　教育におけるミメーシス　教育人間学入門　玉川大学出版部，pp. 21-45.
やまだようこ　1987　ことばの前のことば――ことばが生まれるみちすじ1　新曜社

著者による関連論文等

（過去に執筆したもののうち内容が本書と関連するもの。本書と同様のエピソードを扱ったものもあるが，本書では記述の方法や考察内容を大きく変更している）

片岡杏子　2007　造形遊びによる発達支援の一考察――1～2歳児の表現行動と母子コミュニケーション　人間発達研究所紀要，**18**, 119-131.
片岡杏子　2009　スクリブル活動における1歳の子どもと親の情動共有　日本美術教育

研究論集，**42**，17-24.
片岡杏子　2009　スクリブル活動における子どもの原初的表現――情動の共有から，表象を介した対話へ　教育美術，**807**，25-37.
片岡杏子　2010　表象活動の展開にみる子どもの表現のみちすじ　日本美術教育研究論集，**43**，25-32.
片岡杏子　2011　美術表現による〈わたし〉の形成　日本美術教育研究論集，**44**，9-17.
片岡杏子　2011　子どもの表現に，物語はなぜ必要か――2歳の描画遊びの応答から　教育美術，**830**，30-43.
片岡杏子　2014　表現における空間の一考察――〈わたし〉を支える記憶の解釈として　美術教育学，**35**，243-254.

おわりに

　きっかけは，もう十年以上前，ある地域の施設で1歳の子どもたちが絵の具を使って描画をする場面に立ち会ったときのことでした。子どもたちが筆を持って動く様子を初めて目の当たりにして，「あれ？」と感じたことを思い出します。

　「あれ？」と感じた理由は，子どもたちが「一人では描かなかったから」です。一人ひとりの顔を見ながら話しかけてあげる大人が側にいなければ，子どもたちは描きはじめることも描き続けることもなく，大きな紙と絵の具を前にしてきょとんとしたり，どろどろとした絵の具の感触に戸惑うばかりでした。

　本書のもととなる実践研究を行ったのは，それから数年を経てからでした。あの時見た「子どもたちが大人に関わってもらうことでようやく楽しそうに描きはじめる姿」はいったい何だったのかと，ずっと気になっていたのです。それまでの私は，「絵を描く」とは一人で行う作業であることが当然だと思っていたからです。

　そして実践研究を運営するあいだ，クレヨンと絵の具を使って楽しそうに描いて遊ぶ子どもたちが少しずつ育っていく姿を見ながら，私はかつて不思議に思ったあの子どもたちの姿のありようが，次第に腑に落ちてゆくのを実感することになりました。その結果として私の中で生まれ育った考えが，そのまま本書の内容になっています。

*

　本書は，たくさんの方々の援助のもとに完成しました。東京学芸大学大学院連合博士課程で当時ご指導いただいた諸先生方と関係者の皆様には，実践研究のための過分な環境を与えていただきましたこと，深く感謝して

おります。

　また，大学院の研究仲間だった森下葉子さん，佐藤英理子さんの明るく頼もしい協力があったからこそ，私は毎回の実践環境を整えつつたくさんの映像記録を撮り続けることができました。本当にどうもありがとう。

　それから，本書執筆の過程で，丁寧かつ的確なご助言と，書き進めるべき方向への後押しをしてくださった鯨岡峻先生，幾度かの大きな修正を経る中で本書の社会的な位置づけと意味を示し続けてくださったミネルヴァ書房の丸山碧さんに，改めまして心からのお礼を申し上げます。

　加えて，これまで子どもの描画に関する私の拙い説明に耳を傾けて対話をしてくださった多くの教育・保育関係者の方々に，この場を借りてお礼を申し上げます。

　そして何よりも，まだ1歳のお子さんを連れて雨の日も風の日も実践研究の場に通い続けてくださった参加者の皆様に，本書での写真とエピソードの使用を快諾していただいたことと合わせて，深く深く感謝を申し上げます。

　本書に記した子どもたちと親御さんたちのエピソードを改めて振り返りながら，今もこれからも，たくさんの子どもたちがあの時のあの子どもたちと同じように，誰かと顔を見合わせて笑ったり泣いたり得意げな顔をしながら描くことを楽しんで過ごすことができますようにと，心から願ってやみません。

2016年1月

片岡杏子

《著者紹介》

片岡杏子（かたおか・きょうこ）

東京都生まれ。美術教育研究者。

東北芸術工科大学大学院修士課程で絵画制作を学び，学校教員，子育て支援施設の職員を経て，東京学芸大学大学院連合博士課程に入学。芸術系教育講座に在籍し，2008年から2年間の学内プロジェクトとして乳幼児親子を対象とする描画活動の縦断観察研究を実施，2010年に単位修得満期退学。

2011年，実践研究論文「子どもの表現に，物語はなぜ必要か──2歳の描画遊びの応答から」で第46回教育美術・佐武賞受賞。

現在，「KATAOKA-labo こどもとおとなの表現の場づくり研究室」を運営。保育関連の講座と子どもの表現活動支援のほか，表現のための実践講座，企画，執筆活動を行う。

子どもは描きながら世界をつくる
──エピソードで読む描画のはじまり──

2016年4月15日　初版第1刷発行　　　　〈検印省略〉

定価はカバーに
表示しています

著　者	片　岡　杏　子
発行者	杉　田　啓　三
印刷者	中　村　勝　弘

発行所　株式会社　ミネルヴァ書房
607-8494　京都市山科区日ノ岡堤谷町1
電話代表　(075)581-5191
振替口座　01020-0-8076

© 片岡杏子，2016　　　　中村印刷・清水製本

ISBN978-4-623-07536-2
Printed in Japan

鯨岡 峻 著
ひとがひとをわかるということ
——間主観性と相互主体性

Ａ５判・312頁
本体 3,000円

鯨岡 峻 著
関係発達論の構築

Ａ５判・362頁
本体 3,600円

鯨岡 峻／鯨岡和子 著
保育のためのエピソード記述入門

Ａ５判・256頁
本体 2,200円

鯨岡 峻 著
保育の場で子どもの心をどのように育むのか
——「接面」での心の動きをエピソードに綴る

Ａ５判・312頁
本体 2,200円

ワロン, H. 著　浜田寿美男 訳編
身体・自我・社会
——子どものうけとる世界と子どもの働きかける世界

Ｂ６判・276頁
本体 2,500円

ウェルナー, H.／カプラン, B. 著
柿崎祐一 監訳　鯨岡 峻／浜田寿美男 訳
シンボルの形成
——言葉と表現への有機-発達論的アプローチ

Ａ５判・584頁
本体10,000円

――――― ミネルヴァ書房 ―――――

http://www.minervashobo.co.jp/